論文集第一卷・人物傳記
論文集第二卷・茶・印章・戲劇・考試・珍本・過年
論文集第三卷・教育問題

方祖燊全集

（一）

國家圖書館出版品預行編目資料

方祖燊全集 / 方祖燊著. -- 初版. -- 臺北市
: 文史哲, 民 85
冊 ; 公分
ISBN 957-549-044-4 (一套 : 平裝)

089.86 85013624

方祖燊全集（全四冊）

著者：方祖燊
出版者：文史哲出版社
登記證字號：行政院新聞局局版臺業字五三三七號
發行人：彭正雄
發行所：文史哲出版社
印刷者：文史哲出版社
台北市羅斯福路一段七十二巷四號
郵撥〇五一二八八一二彭正雄帳戶
電話：三五一一〇二八

實價新台幣一二〇〇元

中華民國八十五年十二月初版

方祖燊全集目錄

第一冊

第一卷

第三卷

第二冊

第四卷

白話小說中的語氣詞……四九

第五卷

第六卷

臺灣推行國語教育的經驗……二一九

第三册

第七卷

歌辭

第九卷

第四册　中國文化史

論文集第一集自序

我因爲在國立臺灣師範大學國文系教書，教學之餘，也做著一些研究的工作，寫過上百篇的各種論文，過去結集的有《漢詩研究》（一九六七年，正中書局出版）、《談詩錄》（一九八九年，臺北東大圖書公司出版）。兩年前，文史哲出版社彭正雄先生，想印行一部份我的論著。我選了中國文化史、樂府詩解題、語法、文學、國語運動、人物評傳、生活雜論、教育問題各方面的論著爲四集。這些稿件早已打好多時，只因我忙著《小說結構》（東大圖書）的校樣與出版，而延擱了下來。

我這論文集第一集分成三卷：第一卷有〈孔子評傳〉、〈墨子淺說〉、〈翻譯佛教經典的第一位大師鳩摩羅什〉、〈司馬遷傳〉、〈劉安與淮南子〉、〈世說新語與其作者〉、〈鮑照評傳〉、〈南宗畫祖王維〉、〈宋案始末〉等九篇，是以人物傳記爲主體的，包括儒家、墨家、譯經大師、歷史家、道家、小說家、詩人、畫家與政治謀刺案。第二卷〈新春話茶〉、〈印章的面面觀〉、〈中國戲劇〉、〈夏日炎炎談考試〉、〈宋明珍本書簡介〉、〈中國人過年〉等六篇，這些雜論看看標題好像是屬於輕鬆的小品，內容與筆調也確是很有趣味的，但你們要知道：我常常將專門問題「輕鬆化」；其實，我認爲有一些專題論文應該用這樣有味的筆調來寫，才好。譬如當你讀了〈新春話茶〉，就可以全面的瞭解中國茶的歷史、種茶採茶製茶、茶食與茶道等等事情。其他各，亦當作如是觀。第三卷有〈試從宋以來諸儒的主張看現代兒童教育〉、〈改善社會風氣、建立新人生觀〉、〈臺灣中等學校國文教育的現況〉等三篇，主要論介教育問題與情況。

總而言之，這一集是以人物評傳、生活雜論與教育問題爲中心的。

方祖燊序於一九九五年十一月六日・桃林樓

方祖燊全集·論文集第一集（評傳雜論）目錄

第一卷

第二卷

第三卷

孔子評傳

一、孔子的故鄉與家世

孔子，春秋時魯國陬邑昌平鄉闕里（在今山東省曲阜市東南）人，是我國歷史上偉大的政治家、教育家、思想家。

孔子是黃帝四十九代的孫子，少昊的四十八代的孫子，也是宋微子的後人。六世祖嘉，字孔父，做過宋國的大司馬，被華督所殺；他的子孫防叔，就是孔子的曾祖父，為了避難，搬家到魯國去，以「孔」為姓。

孔子的父親叔梁紇做陬邑大夫，妻施氏，生了九個女兒；妾育有一男，名孟皮，是一個跛腳的孩子，不能擔任祭祀的事。叔梁紇六十多歲時，又娶顏徵在，婚後一起去尼山祈禱，盼望再生一個兒子。魯襄公二十二年（周靈王二十一年，公元前五五一年）十一月庚子（今農曆八月二十七日），孔子出生，因此取名丘，字仲尼。

孔子三歲的時候，父親過世。長大後，隨著母親遷居魯國都城曲阜，仍稱所居做「闕里」。因為家裡窮，只住小巷邊的三間小屋；孔子死後第二年（公元前四七八年），由他的弟子改建為廟，內藏孔子的遺物；以後歷代帝王屢加增修擴建，就成了現代佔地三百二十七・五畝，南北長達一公里多的孔廟，四周圍以紅牆，其中雕梁畫棟，古木參天，碑碣如林。至於在今曲阜市闕里街上的孔府，則是過去孔子的後代嫡孫所住的「衍聖公府」。孔廟、孔府和孔林（孔氏家族的墓園），稱做「三孔」；現在都成了到曲阜的觀光遊覽的聖地。

二、孔子治學、著述與教育的生涯

孔子從小玩遊戲，常常擺設俎、豆，演練祭祀等等禮節和儀式。他人又聰明，喜歡讀書，十五歲就立定了志向要把學問做好。孔子是一生努力爲學，一生努力教導學生。他六十一歲時候，對子貢說自己爲人是「學道不倦，誨人不厭，發憤忘食，樂以忘憂，不知老之將至」。因此，孔子能夠成爲一位學問淵博、道德完美的學者，能夠整理《詩》、《書》、《禮》、《樂》、《易》、《春秋》六藝（或稱六經），並且用作教導弟子（學生）的科目與教材。

六藝，原本是當時教育貴族的課程。像士亹教楚國太子的功課，就有「詩、禮、樂、春秋」等科目。《禮記・王制》也說：先王造士，「春秋教以禮、樂，冬夏教以詩、書。」古代的士大夫說話應答常以「詩」言志；行爲軌範講究「禮」節；「易」用以卜筮吉凶；養性、宴樂、朝會、祭祀時常奏「樂」；要知歷史時事要讀「書」、「春秋」。這都是從文王、周公以來相傳下完美的文化。但自周室衰微，政歸諸侯，禮樂崩壞，詩書繁雜，易卦難懂，春秋失記；孔子看到這種情況，所以他一生都在努力學習、研究、整理六藝，加以發揚傳佈，創立了儒家這個學派。

孔子到周都洛陽的時候，曾向老子問禮；老子是周王朝守藏室史官，熟知周禮。由黃帝玄孫帝魁到秦穆公的書，共有三千二百四十篇，內容繁雜；《尚書緯》說：孔子曾加刪定，選取一百二十篇，編爲《尚書》。《儀禮》出於周公，前人認爲曾經孔子整理增補。《史記》說：孔子追述三代之禮，序《書》傳，上紀唐、虞，下至秦穆，編次其事，是以《禮》記、《書》傳，出自孔氏儒家。

孔子在魯國向師襄子學鼓琴。後來到齊國又和齊太師（《論語》作魯太師）談音樂，聽〈韶〉，學之三月，不知肉味。後來，他從衞國回魯國，開始修定樂曲。《莊子·天運》記孔子治《樂經》；有人說：因爲秦皇焚書，《樂經》給燒掉。《史記·孔子世家》說：當時古詩有三千多篇，孔子刪去重覆，選擇較合禮義的作品三百零五篇，編成一集，配上音樂，以〈關雎〉爲國風的開始，〈鹿鳴〉爲小雅的開始，〈文王〉爲大雅的開始，〈清廟〉爲頌的開始：就是現在的《詩經》。

孔子五十歲，讀《易》至韋編三絕，就是穿書簡的皮線都斷了好幾次。伏羲畫八卦。周文王重疊成六十四卦，一共有三百八十四爻，並且作〈卦辭〉、〈爻辭〉（一說〈爻辭〉，周公所作）。《易經》中其他十篇：〈上下彖〉、〈上下象〉、〈上下繫辭〉、〈文言〉、〈說卦〉、〈序卦〉、〈雜卦〉都是孔子所作的。（見《史記·孔子世家》、《漢書·藝文志》、《易正義序》）。

孔子根據魯國歷史作《春秋》，上起魯隱公元年（周平王四十九年，公元前七二二年），下迄魯哀公十四年（周敬王三十九年，公元前四八一年），歷經隱、桓、莊、閔、僖、文、宣、成、襄、昭、定、哀等十二公，共計二百四十二年，用魯國做中心，分載各國諸侯的史事。後人就稱這個時代爲「春秋」時代。根據《春秋》鋪演，有《左氏》、《公羊》、《穀梁》三傳。對當日的亂臣賊子加以貶斥。

總而言之，孔子特別喜歡唐堯、虞舜、夏禹、商湯、周文武周公時代的禮樂、文物、制度，整理成爲教材。他自己說：「信而好古，述而不作。」

孔子能夠利用當日教育貴族的「詩、書、禮、樂、易、春秋」六門課程來教一般人，使教育平民化。他的教育是在造就人材，替社會工作，服務國家。他抱定「有教無類」的態度，大量招收學生，只要繳些學費（束脩），就不問資賦和出身，一律教他們各種功課。他教過的學生多達三千，身通六藝的有七十二人。孔子弟子的成就不一樣，德行有顏淵、閔子騫、冉伯牛、仲弓，言語有宰我、子貢，政事有冉有、子路，文學有子游、子夏。

三、孔子弟子的事蹟與成就

孔子的弟子魯國人最多，像顏回、閔子騫、冉伯牛、仲弓、冉求、宰予、曾參、宓子賤、原憲、南宮括、曾晳、商瞿、有若、公西子華……等都是魯國人。孔子到過許多國家，當地人士做孔子學生的也不少，像子路卞人，子貢和子夏衞人，子游吳人，子張陳人，公治長和子羔（高柴）、樊遲齊人，漆雕開蔡人（一說魯人），子牛宋人，公孫龍和任不齊楚人，秦祖秦人。

孔子的弟子有的年紀很大，也有的很小，像子路小孔子九歲，顏回小三十歲，子貢小三十一歲，子游小四十五歲，公孫龍小五十三歲。他們的資賦、爲人、性向和才能各自不同，成就與生活的方式也各自不同。

顏回，字子淵，非常好學，能夠聞一知十，不遷怒人，不重犯錯，家住陋巷，一簞粗飯，一瓢白水，生活清苦之極。孔子說：「人不堪其憂！顏回不改其樂！」孔子寄望顏回發揚他的學說與思想，不幸二十九歲頭髮就全白了，三十二歲就死了。孔子時年六十一，哭得非常悲痛。顏回的父親無繇，字路，也是孔子的弟子。

閔損，字子騫，非常孝順父母。冉伯牛是個有德行的君子，不幸染上惡病。孔子去看他的病，說：「這樣的好人卻患這樣的惡病！這是命嗎？」

冉雍，字仲弓。孔子認爲仲弓的才能德行都足以擔任一國諸侯，南面稱孤。

冉求，字子有，後來做季氏的家宰。孔子認爲他替「千室之邑，百乘之家」，料理軍賦行政，絕對可以勝任，而仲由也一樣。

仲田字子路，剛强正直，好勇力，性粗魯，喜歡問政治强勇的問題。孔子說：「以寬柔教人，不報復無理，這是南方人之强；帶刀劍，席鐵甲，打鬥至死，絕不反悔，這是北方人之强；和處而不同流，中立而不偏倚，不管動亂太平都能堅守不變原來的理想與節操，這才是眞正的强者！」子路後來留在衞國，爲衞大夫孔悝的邑宰；於魯哀公十四年（公元四八一年）死於衞國內亂。

宰予字子我，利嘴善辯。他反對當時「三年之喪」，認爲時間太長。孔子認爲孩子三歲之後，父母才能不再那麼辛苦抱他照顧他；父母過世，做兒女的帶三年孝是應該的。宰予常常白天睡覺。孔子說：「爛木頭不可能雕東西，糞土牆不可能再粉飾；我對宰予還有甚麼好說！」「過去，我聽人的話就相信他的行爲；現在，我聽人的話還要看他的行爲；由於宰予，改變了我這種看法。」後來宰予做齊國臨菑大夫，爲田常（《左傳》作陳恆）所殺。

端木賜，字子貢，聞一知二，說話極有技巧。孔子稱讚他是瑚璉，爲廟堂的寶器。魯哀公十一年，齊國田常想藉攻打魯國，鏟除高、國、鮑、晏諸家政敵的勢力。孔子聽到這消息，建議派遣子貢出使齊國，阻止其事。結果子貢出使齊、吳、越、晉各國，使田常相信戰勝弱魯，只有增强政敵權勢，若移兵攻擊强吳，高、國各家將士戰死，勢力自然削弱；爲田常南說吳王夫差北上救魯伐齊，可以與晉爭霸；吳王害怕越王勾踐，趁虛復仇；又爲吳東見越王，暗勸勾踐卑辭尊禮，助吳伐齊，等待吳國「銳兵盡於齊，重甲困於晉」，再趁機復國；並北說晉君修兵休卒，等待時機，準備與吳決戰。結果一切皆如子貢所料：吳王救魯，大破齊師，俘獲七將軍兵衆，旋移兵逼晉，爭取霸權。魯哀公十三年，晉人擊敗吳軍；越王趁虛，偷襲吳國，逼殺夫差，東向稱霸。魯哀公十四年，田常遂專齊國政柄。史稱子貢一出，存魯，亂齊，破吳，强晉而霸越。可見子貢口才之佳，已開戰國時代說客之風。子貢常在魯國、衞國爲相，並且很會做生意，賺了不少錢，家累千金，後卒於齊國。子貢認爲一個人犯了過錯，就像日月之蝕，大家都會看見；但改了，大家都會敬愛他。又說：紂的不善，不如所傳之甚；所以君子「惡居下流」，蓋一居下流，天下的惡名臭事都會歸到他的身上。

言偃，字子游，爲魯國武城宰。孔子經過那裡，聽到處處是彈琴唱歌的聲音。孔子莞爾而笑，說：「殺雞焉用牛刀。」子游說：「過去聽老師說：『君子學了禮樂就懂得愛人，小人學了禮樂就容易引導。』」孔子讓子游專攻文學。

卜商，字子夏，對詩歌很有興趣，而且很有心得。孔子說：「像卜商才可以跟他談詩。」而且勉勵他說：「你要做君子儒，不要做小人儒，闡揚儒家之道。」孔子過世後，子夏在西河教書，做過魏文侯的老師，以文學著名。相傳孔子刪《詩》授子夏；子夏始作〈詩序〉；西漢初毛亨、東漢初衞宏（敬仲）又加潤益。子夏又專《易》。孔子把《春秋》交子夏整理，又傳《禮》。子夏認爲搞政治需要豐富的學識，所以他說：「仕而優則學，學而優則仕。」

曾參資賦遲鈍，但能常常自我反省，是一個很孝順父母的人。孔子教之孝道，著有《孝經》。朱熹說：「《大學》經一章，是孔子的話，曾子記述下來；傳十章是曾子解釋經文的意思，由曾子門人記了下來。《中庸》是曾子弟子，孔子孫子子思（孔伋）的著述，以授孟子。在曾參的言論中，也留下不少名言，如說「以文會友，以友輔仁」，「士不可以不弘毅，任重而道遠；仁以爲己任，不亦重乎！死而後已，不亦遠乎！」又說要「以能問於不能，以多問於寡。」

顓孫師，字子張，曾問從政做官的原則。孔子說：「能就人民利益做有益人民的事情，自是惠民而不浪費！選擇可以勞動人民去勞動人民，誰又會抱怨？抱著求仁得仁去服務社會，又哪生貪欲？無論人多人少，事小事大，都不敢怠慢，又怎生驕傲心態？注意衣冠，重視觀瞻，大家尊敬他，當然威而不猛。」

澹臺滅明，字子羽，長相醜惡。孔子以爲材薄。後來學成，南游至江，追隨弟子有三百人，名聞諸侯。孔子說：「我以言取人，失之宰予；以貌取人，失之子羽。」

宓不齊，字子賤，爲單父宰，得到當地賢者的幫助。孔子說：「可惜呀，不齊所治的地方太小！」

原憲問孔子說：「能夠克制爭勝、誇矜、怨恨、貪欲的心，可以算是『仁』嗎？」孔子說：「這可說很難做到！」孔子死後，原憲隱居不仕。子貢在衞國爲相，坐大車，騎高馬，帶著許多人去拜訪原憲。原憲穿著破衣服見子貢。子貢覺得很丢臉，說：「您有毛病嗎？」原憲說：「我聽說沒有錢叫做『貧』；學道而不能實行，才叫做『病』。像憲只是貧窮，不是有什麼病！」子貢感到十分慚愧。

孔子把女兒家嫁給公冶長，把他的兄長的女兒嫁給南宮括。南宮括認爲后羿很會射箭，奡力能陸地行舟，都不得好死；禹治水，稷種田，而得到天下。這是說能夠爲民解決問題，謀民福祉，自得民心；憑藉武力，篡奪君位，亦將爲人所棄，終歸敗亡。

公晳哀，字季次，齊國人，名見《史記．游俠傳》。孔子說：「天下無行，多做大夫的家臣，只有季次不肯屈節出仕。」

曾點（字晳）說：「我只想在春天時候，和青年、兒童，到沂水玩玩水，在舞雩吹吹風，唱著歌回家。」孔子說：「我也欣賞曾點這種生活態度。」曾點是曾參的父親，也是孔子的弟子。

商瞿字子木。孔子傳《易》於商瞿。商瞿七傳至楊何；何是漢武帝元朔中的學者。

漆雕開，字子開，習《尙書》。

司馬耕，字子牛，爲宋國司馬桓魋弟。魋將爲亂，子牛時常憂懼。孔子勸解他說：「君子不憂不懼；內省無疚，又何憂何懼！」

樊須，字子遲。樊遲請學種田，孔子說：「我不如老農夫。」請學種園，孔子說：「我不如老園丁。」孔子認爲在上位者能好禮、好義、好信，人民自然敬服用情，而自四方前來。而「仁」就是愛人，「智」就是知人。

有若的狀貌很像孔子。孔子死後，弟子想念孔子，共立有若爲師。孔子常常料事如神。弟子問：「夫子何以有此本領？」有若無法答應。弟子說：「這不是您的座位。」

孔子的教育弟子，除了以六藝外，還就道德修養、做人處世、政經實務各方面，並就弟子不同的需要與問題，給他們適當的指導與解答；因此，他們在各方面各有他們的成就。

四、孔子在魯國從政的事蹟

相傳孔子生了一副怪相，頭頂中央下凹，眼大珠小，鼻高孔大，耳輪突出，門齒暴露，下巴豐滿，五綹濃鬚，身高九尺六寸，腰大十圍，坐如龍蹲，立像鳳峙，聲音十分宏亮。他是一個莊敬嚴肅、待人和藹、言語方正的人。

孔子成年後，曾經在上卿季平子的府裡做過委吏，管理倉庫，秤量算數十分公正；又做司職吏，管理畜牧，繁殖了很多牛羊。他十九歲結婚，娶亓官氏為妻。第二年生個兒子，魯昭公賜他鯉魚，孔子就叫他孔鯉，字伯魚，表示感謝的意思。他很早就教孔鯉學詩學禮。他認為不學詩，無法把話說得妥善得體；不學禮，無法克制自己，立身社會。

魯昭公七年（公元前五三五年），孔子十七歲，孟釐子病重時候，吩咐他的兒子跟孔子學禮；孟釐子卒，孟懿子和南宮敬叔就去做孔子的弟子。孟懿子問孝。孔子說：「不要違禮。」就是「生前，事之以禮；死後，葬之以禮。」南宮敬叔曾經跟同孔子一起到周去，向老子問禮。孔子從周回來之後，弟子就日漸增加，開創了儒家的學派，主張重視禮樂，久喪厚葬。

魯昭公二十年（公元前五二二年），孔子三十歲。齊景公來魯國，見到孔子，問起秦穆公稱霸的道理。孔子說：「秦穆公有大志，做事中正，能起用百里奚執政。」給齊景公留下了很好的印象。

這時，中原各國的政權大都旁落在大夫的手裡，像晉國有六卿，齊國有田氏。魯國也政出三桓（指孟孫、叔孫、季孫，皆出魯桓公）。二十五年，魯昭公欲誅季氏，收回政權。三桓聯合起來攻擊昭公。昭公流亡齊國。孔子也到齊國，做高昭子的家臣。齊景公看到孔子，又問政治的問題。孔子大概有感魯國內亂，就提出「君君臣臣」、「政在節財」兩點。齊景公想用孔子所倡導的禮樂來移風轉俗，想將尼溪田地，封給孔子。晏嬰力加反對，認爲儒家的繁文縟節，既難研究學習；而且崇喪厚葬，不好作爲俗尚。齊國大夫怕孔子用事，分享權力，要殺害孔子。孔子聽到了這事，就決定回魯國去，從事教育的工作。

魯昭公三十二年（公元前五一〇年）卒。魯定公繼立，季平子完全掌握了國家大權。魯定公五年（公元前五〇五年），孔子四十七歲，季平子卒，桓子嗣立。季氏的家臣陽虎（字貨）取代季氏，出執國政。陽虎想請孔子出來做事，認爲一個人懷抱道德與理想，不管國家的動亂，這不是仁者的作爲，並對孔子說：「日月逝矣，歲不我與！」但當時魯國從大夫以下都僭越本分，背離正道。孔子看不慣這種情況，不想出仕，而專心整理詩書，修定禮樂，以教學爲職志，將理想寄託下一代青年，於是從四方來受業的弟子更多了。

魯定公八年（公元前五〇二年），孔子五十歲。陽虎想除去三桓，刼持定公，攻擊孟氏失敗；九年，出奔齊國，轉晉國，到宋國。不久，魯定公起用孔子爲中都（在今山東汶上縣西）宰，僅一年就著有政績，爲西方諸侯所取法。孔子由中都宰升爲司空，爲大司寇。

魯定公十年夏，孔子五十二歲。齊人認爲魯用孔子，勢必危齊，派使約定公和齊景公在夾谷

（在今山東萊蕪縣南），舉行兩國和好會議，獻酬禮畢，齊國人就表演西方之樂，於是萊人拿著矛戟劍撥，鼓噪上場，想用武力刼持定公。孔子說：「我們兩國舉行和平會議，要夷狄之樂，做什麼？」齊景公心裡慚愧，就揮手叫他們退下。這一次會議，齊國將所侵佔的鄆、汶陽、龜陰的土地，歸還魯國。孔子在外交戰上，打了一場小小的勝仗。

魯定公十二年夏，孔子認爲要鞏固公室中心，必須限制大夫的武力，說：「臣下應該沒有藏甲，大夫沒有高城。」孔子派子路做季氏宰，拆除三家城牆，收繳甲兵。叔孫氏首先自動拆除了郈城。季孫氏也準備拆費城；費人起兵反對，攻擊定公；孔子派兵擊敗他們。將拆除孟孫氏的成城，遭到邑宰公斂處父强烈反對；十二月，定公派軍圍成，攻不下來，只好停止。

魯定公十三年（公元前四九七年），先孔子由大司寇兼丞相事，誅亂政的大夫少正卯。執政三個月，就做到男女有別，路不拾遺，四方賓客來到魯國，都有「賓至如歸」之感。齊國人說：「孔子執政，魯國必霸；齊國最靠近魯國，一定會先吞併我們，一定要設法阻止他。」於是齊國人就挑選了八十個漂亮的少女，穿上彩衣，教以舞樂，還有文馬三十駟（一百二十匹），送給魯定公。季桓子和魯定公看了，決定接受。於是魯國君臣，迷於女樂，三天都沒人辦公聽政，料理國事。孔子於是辭職，離開魯國，前往衞國。季桓子派人去追他回來。孔子唱了一首歌，道：「彼女人的小口，可以叫人出走！彼女人的求謁，可以叫人死敗！只有優哉游哉，維以卒歲！」季桓子很後悔，但已無法挽回。這時孔子五十五歲（此據《史記・十二諸侯年表・魯周公世家・衞康叔世家》寫定。〈孔子世家〉作「魯定公十四年」）

五、孔子周遊列國的事蹟

魯定公十三年，孔子從魯國到衞國之後，就帶著一些弟子，開始他漫長的周遊列國的新生活，希望能夠實現政治的理想與抱負。孔子每到一個國家，必設法與聞這個國家的政事，來推行他理想中的政制。我們讀《禮記．禮運》，也就可以知道孔子理想的政治是：

大道之行，天下爲公：選賢與能，講信修睦，人不獨親其親，不獨子其子，使老有所終，壯有所用，幼有所長，矜寡孤獨廢疾者皆有所養，男有職業，女有歸宿，地盡其貨，身盡其力，都不必爲自己，是故不須陰謀詭計，盜竊亂賊也不會再有，外門也可以不關：這就是我所謂的「大同」世界。

孔子前往衞國的時候，冉求駕車。孔子說：「衞國人眞多啊！」冉求說：「人口多，進一步要做什麼？」孔子說：「富裕他們。」冉求說：「既富了，又再做什麼？」孔子說：「教育他們。」孔子將富民與教民列爲施政大針，可見孔子是特別重視解決民生的經濟問題，與提高知識的教育問題。

孔子到了衞國（時都帝丘，在今河北濮陽縣西南），寄居子路的妻兄顏濁鄒（一作顏讎）家；子路的妻子和衞靈公的寵大夫彌子瑕的妻子是姊妹。衞靈公問孔子：「在魯國俸祿多少？」孔子說：「俸粟六萬。」衞靈公也給他六萬俸祿。後來有人在靈公的面前說孔子的壞話。衞靈公派人監視孔子。在這樣的國家工作，生活在恐懼之中，不知什麼時候獲罪？孔子待了十個月，到魯定公十四年（公元前四九六年）就決定離開衞國。

這時，孔子已經五十六歲。他離開衞國後，打算前往陳國（時都宛丘，今河南淮陽縣），顏刻（一作顏淵）替孔子駕車。經過匡城（在今河北長垣縣西南）郭外時候，顏刻用馬鞭指著城牆的缺處，說：「我和陽虎，從前就從這個缺口攻進城裡。」孔子的長相又很像陽虎。匡人聽了，就誤會是陽虎又來了，即刻派兵將孔子師徒團團圍住。孔子說：「如果上天要讓文王以來的傳統文化喪失，我這後死的，也就不得參與這種傳播文化的工作；如果上天不想讓這種文化失傳，匡人又能把我怎麼樣？」孔子派人向衞國大夫甯武子求救，這才解了圍。

孔子向北走十五里，到蒲鄉。子路在蒲鄉做官。孔子在蒲鄉待了個把月，又回到衞都。這次寄居籧伯玉家裡；籧伯玉是衞國賢大夫。衞靈公的夫人南子想見孔子，派人邀請孔子說：「各地來的客人，想和敝國國君結爲兄弟，必設法進見敝國的國君夫人。現在夫人願意接見先生。」孔子無法辭謝，只好進宮，北面稱臣，磕頭行禮。南子夫人在葛幔中再拜答禮，環珮的玉聲輕輕地響。子路對孔子進見南子很不以爲然。孔子賭咒說：「我有所不對的話！天會厭我，天會厭我！」這樣過了一個多月。有一天，衞靈公和夫人南子一起上街。衞靈公和南子同坐一輛車子，而讓孔子坐另外一輛車子，跟從後面，招搖過市。孔子對這重色薄德的風氣，覺得醜而羞恥，說：「吾未見好德如好色一樣！」當然，孔子向來對女人就沒有好感，說：「唯女人與小人爲難養也，近之則不遜，遠之則怨。」於是他再一次決定離開衞國，到曹國（時都陶丘，今山東定陶縣西北）去。這年魯定公卒（公元前四九五年），魯哀公繼位，孔子五十七歲。

孔子離曹到宋國（宋都商丘，在今河南商丘縣南）去。在大樹下，孔子和弟子講習禮，宋司馬桓魋不希望孔子到宋國來，想殺害孔子。孔子說：「天給我完美的道德，桓魋能把我怎麼樣！」

孔子轉往鄭國（都新鄭，今河南新鄭縣），跟弟子失散，一個人站在東門。子貢到處找他。有人對子貢說：「東門有個人，落魄失意，好像喪家之狗！」孔子和他弟子到了陳國，寄居在司城貞子的家裡。這時各國互相攻擊，戰爭連年不斷。陳湣公時常向孔子請教一些瑣事。孔子在陳國住了三年，遇到晉、楚兩國爭霸中原，更相攻擊陳國，吳國侵犯陳境。孔子萌生歸歟之情。孔子離陳，途經蒲鄉，剛好遇到公叔氏據蒲叛衞，阻止孔子去衞國回魯。孔子的弟子公良孺說：「與其困此，寧鬥而死！」孔子的弟子都拼死纏鬥。蒲人害怕，對孔子說：「假使不去衞國，我們讓你們走。不過要立下盟書。」孔子出了蒲城，就轉往衞國。子貢說：「盟可以背嗎？」孔子說：「在武力要脅下訂的盟約，神不會聽信的。」

魯哀公二年（公元前四九三年），孔子第三次進入衞國。衞靈公聽說孔子來，非常歡喜，親自到城郊迎接，問說：「蒲可伐嗎？」孔子說：「可以。」衞靈公說：「我們大夫都認爲不可以。」孔子說：「公叔氏以蒲鄉叛衞，不過是四五人罷了。」衞靈公說：「好。」可是終不伐蒲。衞靈公年老，凡事得過且過，不用孔子。孔子感慨說：「假使有人用我，三年有成。」孔子說：

「我豈是匏瓜？怎能掛著不吃呢！」孔子獨自擊磬，硜硜的響，沒有人知道啊！

孔子在衞國既不得志，想西去趙國，到了黃河邊，聽說趙簡子殺了晉國兩位大夫竇鳴犢和舜華。趙簡子未得志時候，他們幫助他；得志後，就殺了他們。孔子臨河感歎說：「美啊！水洋洋的流哇！丘的不濟，這是命啊！」於是回到陬鄉，作了一首琴曲，叫做「陬操」，哀悼二人的死亡。

孔子又回到衞國，又住在蘧伯玉家。他日，衞靈公問佈陣作戰的事。孔子答說：「祭祀之禮，我曾聽說過；戰爭之事，我沒學過。」第二日，衞靈公跟孔子說話，雁兒飛過，擡頭看雁，不在意聽孔子的說話。孔子感受到「道不同不相爲謀」的道理。孔子第四次離開衞國，再度前往陳國。這年夏天衞靈公卒，由孫子輒繼立，是爲衞出公。

魯哀公三年（公元前四九二年），孔子六十歲，在陳國。秋天，魯國季桓子病重，很後悔當年因爲齊國女樂事得罪孔子，以致魯國失去興盛的機會，對他的兒子季康子說：「我死後，你一定要召仲尼回國。」季康子繼承魯國的相位，想召孔子回來。公之魚說：「過去，先君用孔子沒用到底，被諸侯笑話；今再用他，又沒終結，那更不好；不如召孔子的弟子冉求回國吧。」於是派人徵召冉求。孔子說：「國人召冉求回去，將重用他啊！」又說：「回去吧，回去吧！我國的那些年輕的學生，狂妄粗疏，他們品德學問雖都不錯，就是做事不知道怎麼裁決！」子貢知道孔子也很想回國，對冉求說：「回去後，你一定要設法請老師回國！」

魯哀公四年，孔子從陳國到蔡國（時都州來，安徽鳳臺縣）。楚國侵犯蔡國。五年，孔子自蔡到楚國的葉邑（在今河南葉縣南）。葉公問政。孔子說：「政在遠人來歸，近人依附。」

孔子離開葉邑，又回蔡國去。經過黃城山，有兩個人在山邊種田，孔子叫子路去問過渡地方在那裡？長沮說：「那個拉著轡繩的是誰？」子路說：「是孔丘。」長沮說：「是魯國的孔丘嗎？」子路說：「是的。」長沮說：「那他應該知道過渡的地方了！」桀溺反問子路說：「你是誰？」子路說：「我是仲由。」桀溺說：「是魯孔丘的徒弟吧？」子路答說：「是。」桀溺說：「好像滔滔大水，天下處處都是動亂啊！誰能夠改變它？你與其追隨避人的孔子，還不如跟我們這些避世的人呢！」子路把這話告訴孔子。孔子說：「天下有道的話，我也就不須出來改變它了！」

有一天，子路落後，途中遇到一個「荷蓧丈人」，問他說：「你看到我的老師嗎？」這個老人說：「看你的樣子，是四體不動，五穀不分。誰是你的老師？」當時留子路在家過夜，殺雞煮黍招待子路，又叫兩個孩兒跟子路見面。第二天，子路趕上了，把這事告訴孔子。孔子說：「隱士啊。」叫子路回去找他，告訴他說：「一個人出來替國家做事，是在盡他的本分；理想之不能實行，早已經知道！不出來做官做事，可說沒盡到做人的本分呢！」

魯哀公六年（公元前四八九年），孔子六十三歲，遇到晉國和楚國爭霸，攻打陳國。吳國也侵犯陳國。楚國派兵援救陳國，駐在城父（在今河南寶豐縣東），聽說孔子在陳、蔡之間，派專使聘請孔子到楚國來。孔子動身，準備前往。陳、蔡的大夫商議說：「孔子是個賢者，所刺譏的都能切中毛病，長久留在陳、蔡，我們卻都沒有採用他的意見。」而擔心楚國重用孔子，將不利於陳、蔡，就發兵包圍了孔子。孔子無法前行，而且糧食斷絕，追隨他的弟子都餓到病了，不能爬起。孔子仍然講誦詩書，彈琴唱歌。子路很氣忿去見孔子說：「君子該有這樣的窮困嗎？」孔子說：「君子能夠安處困窮，小人困窮就亂生氣！」子貢臉生怒色。孔子知道弟子們的不平心理，對他們說：「詩云：『匪兕匪虎，率彼曠野！』不是野牛、老虎，卻要沿著曠野東奔西逃！難道我們的道不對嗎？我們為何被困在這裡？」

子路說：「我想：我們未仁嗎？是人不信我們的仁罷了！我們未智嗎？是人不行我們的道罷了。」

孔子說：「有這樣事嗎？使仁者的話，必能教人相信；哪會有伯夷、叔齊餓死的事呢！使智者的道，必能教人實行；哪會有王子比干被殺的事呢！」

子貢說：「老師之道非常偉大啊！所以天下沒有人能容老師。老師稍稍擺低一點。」

孔子說：「好農夫能種穀子，不能預期一定有穀收；好工人東西做得巧，不一定都能合人的心意；君子能夠整修好他的道理，綱而紀之，統而理之，也不一定就能被人所容納接受！」

顏回說：「老師之道非常偉大！所以天下沒人能容納！雖然老師推而行之，沒人接受有什麼關係？不容於世，然後才能現出君子！要是不把道修好，那才是我們的羞恥！道既然已經大修，沒有人用，那是有國君主的醜陋啊！不被人接受有什麼關係！」

孔子高興地說：「眞是這樣嗎？」於是派子貢前往楚國請求救援。

楚昭王帶兵迎接孔子，才得以脫困。楚昭王想把七百里土地封給孔子。——當時二十五家爲一里；「七百里」包括一萬七千五百家的人民與土地。但爲楚國令尹子西所反對。子西說：「大王派到各國去的使者，有如子貢的嗎？」昭王說：「沒有。」子西說：「大王的輔相，有如顏回的嗎？」昭王說：「沒有。」子西說：「大王的將帥，有如子路的嗎？」昭王說：「沒有。」子西說：「大王的官尹，有如宰予的嗎？」昭王說：「沒有。」子西說：「我們楚國的祖先受封周初，號爲子男，土地只有五十里。現在孔丘繼述夏商周三王的法制，發揚周公召公的大業。大王要用他，則楚國那能世世堂堂保有這方數千里的土地呢？文王在豐，武王在鎬，一百里的小國君，終於統治天下。孔丘若據有七百里土地，又有賢弟子幫助；這不是楚國之福啊！」楚昭王就取消了賜封孔子的這個念頭。

這年秋天，楚昭王在城父過世。楚國狂者接輿經過孔子身邊的時候，唱了一支歌，道：

「鳳兮鳳兮，何德之衰！

往者不可諫兮，來者猶可追也；

已而已而，今之從政者殆而！」

算了吧，算了吧，現在從政的人都很危險啊！的確引起孔子心中很深的感應。孔子決定從楚國，回衞國去。孔子說：「魯、衞是兄弟之邦。」

孔子的內心非常感傷，天下雖大卻無人用他，實行他的政治理想之道；他失望的時候，甚至想乘桴（木筏）浮海到海外去求發展。

魯哀公七年（公元前四八八年），孔子的弟子多在衛國做官。衛靈公的太子蒯聵，因爲不滿父親的夫人南子，而流亡國外。靈公過世，就由孫子繼立，爲衛出公。衛出公因爲自己做了國君，父親反而流亡國外，屢被諸侯責備，有意起用孔子執政。子路問孔子說：「衛君想請老師執政，老師先辨什麼事？」孔子說：「正名。名不正則言不順，言不順則事不成，事不成則禮樂不興，禮樂不興則刑罰不中，刑罰不中則民無所錯手足矣。」

魯哀公十年（公元前四八五年），冉求爲季氏帶兵，在近邑郎亭（今山東滋陽縣西北）擊敗齊、衛、鄭三國軍隊。季康子問他跟誰學軍旅。冉求說跟孔子學的。

魯哀公十一年（公元前四八四年），季康子派人帶了禮物，到衛國請孔子回魯國。孔子從魯定公十三年（公元前四九七年），五十五歲，離開了魯國，至此六十八歲，前後去國十四年，終於結束了他周遊列國的生活。

六、孔子回魯後的事蹟

這時，孔子年事旣高，學識淵博，又周遊各國，名聞諸侯，回到魯國之後，受到國君大臣的特別敬重，因爲年近古稀，魯人也就不用他，大概尊爲顧問咨政，遇事備詢。像魯哀公問到政治問題。孔子說：「首在選擇良臣。」又說：「任用正直，貶黜邪枉，人民自然支持；任用邪枉，貶黜正直，人民自然不服。」魯哀公又問：「先生的弟子中，誰最好學？」孔子說：「顏回最好學，對人不遷怒，錯誤不重犯，不幸短命死了。」季康子問孔子弟子中有那些人可以從政？孔子說：子路做事果斷，子貢通達事理，冉求多才多藝，都是非常優秀傑出的，從事政治的工作有什麼不可以呢！季康子要閔子騫做費邑宰。閔子騫要他的老師孔子替他婉辭。

季康子向孔子求教政治問題。孔子認爲搞政治的人的道德，對大衆的影響非常大。他說：「政治就是正道。先生以正道領導人民，誰敢不正？爲政哪用殺？您行善人民自然行善！要是您自己不貪欲，就是獎賞他也不會去偷竊，做强盜！君子的美德好像風，小百姓好像草；草上有風，一定跟著風偃伏，受他影響！」又說：「本身正不必下令，人民就會照著去做；本身不正，就是三申五令，人民也不會服從。」孔子認爲用政令領導人民，用刑罰管理人民，可以做到人民不違禁犯法，但卻無法養成他們羞恥之心；用道德教導人民，用禮樂涵養人民，可以使人民存有羞恥心，自然向善，成爲健全的國民。「爲政以德」，四方歸化；就像北辰，衆星拱繞！

有一天，冉求回來晚了。孔子問：「爲什麼這樣晚？」冉求說：「討論政事。」孔子說：「是季康子他的家事嗎？如眞有國政，我也該參加會議呀！」季氏將要攻打顓臾。孔子要冉求加以勸止，說：「一個國家，不患寡而患不均，不患貧而患不安」，認爲不該在國內謀動干戈，應該修文德使人歸服。

齊國派國書率軍，攻擊魯國；蓋右相田常想藉對外戰爭，來削弱國內政敵的力量。孔子聽到這個消息，派遣子貢出使齊、吳、越、晉各國，設法阻止其事。魯哀公十一年（公元前四八四年），吳王夫差親率大軍，北上救魯，大敗齊兵，俘虜國書。十二年，魯哀公前往吳邑櫜皐（在今安徽巢縣西北），與吳王相會。十三年（公元前四八二年），吳王率魯哀公、衞出公前往黃池（在今河南封丘縣南），請晉定公與會，並以大軍逼晉國，讓吳王主盟。越王勾踐趁吳王在外，攻進了吳國——到魯哀公二十二年（公元前四七三年），越終逼夫差自殺，滅了吳國，而稱霸諸侯。

魯哀公十四年（周敬王三十九年，公元前四八一年）春，魯國人打獵，打死了一頭異獸，頭生獨角，形如麞鹿，身有鱗甲，像牛尾巴。大家以爲不祥。孔子看了說：「麟也。」古人相信麒麟是「仁獸」，天下有道，才會出現；現在天下無道，麒麟出現而被殺。孔子說：「吾道窮矣！」並且嘆氣說：「沒人知道我啊！」又說：「知道我者，只有天吧！」又說：「君子疾歿世而名不稱啊！我的理想不能實行了！我以何自見於後代呢！」乃停止了以魯國爲中心的史書《春秋》的編寫工作。這年，衞靈公的太子蒯聵回到衞國，和他的兒子出公爭奪君位，是爲衞莊公。衞出公逃亡魯國。子路在這次衞國內亂中被殺。

魯哀公十六年（周敬王四十一年、公元前四七九年），孔子病重。子貢來見他。孔子說：「賜，你來爲什麼這樣晚呢！」並且傷心地作歌道：

「泰山其頹乎！梁木其壞乎！哲人其萎乎！」

孔子淚隨歌下，說：「我前幾天晚上，夢坐奠在兩根楹柱之間，大概我快要死了！」病了七天，在四月乙丑（農曆二月十八日）去世，享壽七十三歲。

孔子死後，埋葬在魯國都城曲阜以北的泗河邊上，弟子服喪三年，相別離去，獨子貢在墓側結廬而居，六年才離開。弟子和魯人去陪從守墓，而住在那裡的有一百多家，叫做「孔里」。孔子的弟子從各地帶來許多小樹，種在這座墓山上。後來這些樹長大成林，稱做「孔林」。孔子的後代子孫死後，也都安葬在這座墓山，成爲現在世界上僅存的一個家族的最大的墓園。

魯國人每年按時祭祀孔子墓。孔子的故居也被改作廟宇。自漢高祖以太牢（牛豬羊三牲）供祭孔子，並封孔子的九代孫孔騰爲「奉祀君」，漢武帝聽董仲舒的建議，罷黜百家，獨尊儒術，兩千多年以來，歷朝皇帝繼續擴建孔廟，尊崇孔子，並且澤及孔子的嫡孫，賜以高爵，養以厚祿，給以祀田。漢平帝追封孔子爲「褒成宣尼公」。唐玄宗追謚孔子爲「文宣王」。明世宗稱孔子爲「至聖先師」。清順治封孔子爲「大成至聖文宣先師」。宋仁宗至和二年（公元一〇五五年）頒賜孔子四十六代孫孔宗愿爲「衍聖公」，「衍聖公」更成爲孔子代代嫡孫世襲爵位的封號。民國二十四年（公元一九三五年）才改稱爲「大成至聖先師奉祀官」；孔子的嫡孫家族可以稱做我國歷時最爲長久的貴族世家了。

七、論語這本書

對於孔子生前的言行，孔子和弟子、其他人士的對話，當時追隨孔子的弟子、門人各有所記；孔子死後，合編一起，就是《論語》。《論語》有二十篇：〈學而〉、〈爲政〉、〈八佾〉、

〈里仁〉、〈公冶長〉、〈雍也〉、〈述而〉、〈泰伯〉、〈子罕〉、〈鄉黨〉、〈先進〉、〈顏淵〉、〈子路〉、〈憲問〉、〈衞靈公〉、〈季氏〉、〈陽貨〉、〈微子〉、〈子張〉、〈堯曰〉。篇名都是以篇頭第一句的兩三字來定名，並沒有特別的含義。如第一篇開頭是「子曰：『學而時習之』」，就叫〈學而〉篇。第十五篇開頭是「衞靈公問陳於孔子」，就叫〈衞靈公〉篇。每篇收若干條（章），少的如〈堯曰〉只有三章，多的如〈憲問〉有四十七章全部二十篇共有五百多章（劉寶楠正義作四百九十二章）。各章獨立成文，短的幾個字，如「子不語怪力亂神」章僅七個字；長的也有幾百個字，如「子路、曾皙、冉有、公西華侍坐」章就有三百幾十個字。每篇內各章文字並沒有關連性，體例很散漫，內容龐雜，包括人倫道德、治國原則、教育方法、歷史人物評述、孔子與孔子弟子的種種事蹟，千頭萬緒，洋洋大觀，雖然如此，但卻有一個中心思想，就是「仁」。

《論語》前十篇與後十篇，文體並不相類。清崔述認爲最後五篇錯誤甚多。「六言、三戒、武城、公山、佛肸」等章，都是戰國時人所陸續加入的。大抵這只不過是少數的章節，綜觀全書，實在是記載孔子與弟子的言行的實錄。

孔子的言論與行事，除了見於《論語》外，還散見《易經》、《禮記》和《孝經》中。

八、孔子的思想

我國在孔子之前，還沒有私人的著述。孔子專心教育工作，整理《詩》、《書》、《禮》、

《樂》、《易》、《春秋》六經，作爲教學用的教材，培養許多人才，使魯國成爲當日禮樂教化的中心，使中國的學術文化奠立了基礎。孔子過世後，由於他的弟子門人，像子張、子夏、商瞿、曾參、漆雕開等繼續傳播，儒家和墨家成了戰國時代最重要的兩大學派。據《韓非子・顯學》說：當時儒學分爲：子張、子思、顏氏、孟氏（指孟軻）、漆雕氏、仲良氏、孫氏（荀卿一稱孫卿）、樂正氏（曾子弟子有樂正子春）八派。孟子倡性善養氣，荀子倡性惡節欲，成爲儒家的兩大宗；尤其孟子的學說影響也非常大，前人把他和孔子連在一起，稱爲「孔孟之道」。

秦始皇實行「焚書坑儒」的暴政，儒家和諸子各家一樣受到嚴重的打擊，幸好秦朝不久就被推翻。到了漢初，禮制敗壞，太常叔孫通徵召魯國儒生，制訂朝儀。漢文帝、景帝的時候，開始徵集禁書，於是言《詩》魯有申培公，齊有轅固生，燕有韓太傅，又有河間人毛亨作《詩訓詁傳》，以授毛萇，比較晚出，自謂子夏所傳，以後申培、轅固、韓三家佚亡，毛詩大行，人稱亨爲大毛公，萇爲小毛公；言《尙書》有濟南伏生；言《禮》有魯高堂生；言《易》有菑川田生；言《春秋》在齊、魯有胡母生、在趙有董仲舒。於是儒家經學復盛。漢武帝建元元年（公元前一四〇年）冬十月，董仲舒對策，認爲仁義禮樂都是治理國家之具，教化人民之務，應該設立學校，以仁漸民，以義摩民，以禮節民，自然習俗美，刑罰輕。最後他說：「臣以爲諸不在六藝之科，孔子之術者，皆絕其道，勿使並進。」建議罷黜諸子，獨尊儒家，並設置五經博士，發揚儒學；於是儒家的經典成爲過去我國人必讀的典籍，孔子的學說成爲我國人傳統的思想。

孔子的學說與思想對我國影響非常大，他的政治思想，在上文介紹孔子周遊列國的事蹟與回魯後的事蹟中，已經作很詳細的論述。這裡僅就孔子的哲學思想、倫理思想、教育思想加以介紹：

孔子的哲學思想，從體驗自然得到。他認爲自然變化是有規律的，天尊地卑，動靜有常，日月運行，一寒一暑，方以類聚，物以羣分，乾剛成男，坤柔成女，萬物就在這種有規律變化之中，生生不停，自強不息。天地至公無私，無不覆載，無不包容。天最靈明主宰著萬物，日月代明，四時運行，使萬物並存而不相害，衆理並行而不相逆。天道至善至誠，人性稟自於天；人應該效法天道，克盡本分，修身進德，自強不息，創造個人的生命。天道與人事是息息相關的，盡人事以俟天命——這就是儒家的「天人合一」的觀念。孔子並不迷信，他不談怪力亂神。

孔子的倫理思想是以「仁」爲中心，仁就是愛人，是做人的基本之道。孔子教學生特別强調：求仁、行仁。人與人要以仁愛相處。孔子所說的仁道，用一句話來貫穿它，就是忠恕。何謂忠恕？盡己之爲忠，推己及人之爲恕；也就是對自己要克制私欲，循禮而行；對別人要推己及人，多爲別人著想；就是自己喜歡的，別人也一定喜歡，就可以去做；自己不喜歡的，別人也一定不喜歡，就不要去做。孔子對子貢說：「己欲立而立人，己欲達而達人。」對仲弓說：「己所不欲，勿施於人。」這樣人與人自然相親相愛。孔子常跟弟子講孝悌之道，對父母不只是要盡供養的責任，最要緊的還在於尊敬父母，和顏悅色奉事父母，假使僅僅是家裡有事由子弟操勞，有酒食讓年老的先吃，這還不算是孝；還有父母過世之後，應該依禮服喪安葬，悲戚哀念，才算是大孝。做人方面，孔子認為要「見賢思齊，要跟好的一樣好；見不賢要內心反省，有沒有跟不好的犯同樣的錯誤」。孔子說：「君子有三戒：年輕時戒之在色，年壯時戒之在鬥，年老時戒之在得。」

孔子的教育思想，同時注重道德、知能、禮樂、羣體各種教育。他說：「弟子入則孝，出則弟，謹而信，汎愛衆而親仁，行有餘力，則以學文。」「興（情）於詩，立（身）於禮，成（性）於樂。」要求弟子必須「志於道，據於德，依於仁，游於藝。」孔子採取討論啟發方式的教育，說「不憤不啟，不悱不發。」指導學生問題，各依需要，因材施教，循循善誘，使產生濃厚的學習興趣，而欲罷不能。孔子認為做學問，求知識，應該採取「知之為知之，不知為不知」的態度。期勉青年應該成為不惑的智者，不憂的仁者，不懼的勇者，應該有堅貞不移的氣節與操守，孔子說：「歲寒，然後知松柏之後彫也！」這也是他自己人格的象徵。

孔子這些充滿著智慧的言論，今天讀來仍然可作我們人生的明燈。

墨子淺說

一、墨子的生平

墨子名翟，戰國初期魯人，生於孔子末年，和子思同時代，推算年月，大概當周敬王至周威烈王間（約當西元前五世紀）。最初受業於名學者史角的子孫與儒者，學孔子之術，因厭他禮樂制度，過於繁縟，如厚葬的靡財貧民，三年久喪服的傷生害事，於是棄儒術，博參衆說，兼採大禹的思想，自創一種新學派。與門下弟子周遊齊、衞、宋、楚等國，上遊說諸侯，下授徒講學，倡導非攻、兼愛、節葬、節用、尊天、事鬼、尙同、尙賢、非樂諸說。他的學說遂風靡天下，門人徒屬遍布各地，與儒家二分戰國時的思想界，成爲當時最有勢力的學派，正如韓非子所說：「天下之顯學，儒、墨也。」

墨子不僅是一位大學者，而且是一位極熱心的救世家。他見當時戰爭慘酷，而倡「非攻」，反對殺人盈城，拋骨盈野，世之所謂侵略性之「義戰」者。更立「兼愛」論，要人人「視人之國若其國，視人之家若其家，視人之身若其身。」主張無親疏差別的博愛，以爲「非攻」說論據。但他並非空談「弭兵」政策，乃腳踏實地地推行他的主義。當他在魯國聽見公輸般替楚人造雲梯，將要攻打宋國，便馬上起程，走了十日十夜，趕到楚國郢都，見公輸般和楚王。最後公輸般和楚王終於被說服，終止攻宋之舉。又如齊要攻魯，他便往見項子牛及齊王，說而罷之。

墨子爲急公好義，不謀私利和爵賞，操守堅卓。越王派公尚過束車五十乘迎墨子，想將吳國舊有的土地封他，他卻辭掉不去。楚惠王將書社五百里土地封他，他也不肯接受。他穿粗布衣，著草鞋，奮起而奔走四方，傳道持義，倡說和平，盡瘁於公利公益。言行一致，與孔子相類。所以呂氏春秋與淮南子說：「孔席不暇暖，墨突不得黔。」即令反對墨家最利害的孟軻也不得不恭維他說：「墨子兼愛，摩頂放踵利天下爲之。」莊子天下篇批評墨子，也讚美說：「實天下之好也，……才士也夫。」他實不愧是二千多年前的大實行家。

二、墨子的學說

墨子的哲學，以爲天是創造萬物的主宰，爲義之所出。天有意志、慾望和情操，有監督上下，賞賢罰暴，福善禍淫的力量。他還相信天地間有鬼神，體天意，行賞罰。因此，他以爲人必須順天的意志，上崇拜天，中敬事鬼神，下愛人利人。他所以主張「尊天事鬼」，實際的目的，在使人敬畏天與鬼神，不敢作惡爲非，在檢束人心，改良社會的風氣，使人民的道德歸於淳厚罷了。倡「非命」說，排斥宿命論者的「生死有命，富貴在天」的說法；否定命運的存在，以爲力行可以左右天意，促進民生的富裕，社會的進化。持實利主義，以「愛」、「利」並稱，與儒家以「仁」、「義」並稱者不同；

以爲人必須「示之以利」，「方能使行之終身不饜，歿世而不倦。」（節用中）。所以凡事必問：「利不利？」或「祥不祥？」如辭過篇說：「費財勞力，不加利者不爲也。」節用中篇也說：「諸加費不加於民利者，聖王弗爲。」只是他說利是公利，不是私利；是利民的利，不是利己的利。他既持實利，所以對奢侈浪費，自必反對，他所倡的節用、節葬、非樂諸說，都是由此實利的想法產生，成爲極端勤儉主義，是必然的結論。節用說，主張國君等人的生活必須勤儉，反對奢侈。節葬說，反對世俗的棺槨必重，埋葬必厚，衣衾必多，墳墓必大的厚葬，父母死服三年孝的久喪，而主張節葬短喪，以爲人死用三寸桐棺一盛，三領衣衾一殮，子孫服三日喪，就夠了。以非樂來說，儒家原以禮樂爲治國的工具；他雖並非否定音樂的不樂人心，不娛人耳，可是他認爲音樂是無益民生，曠時費財的奢侈物，人民所患的是飢寒問題，撞鐘擊鼓，彈琴吹笙，並不能解決這些衣食的問題。

墨子的政治主張，本於兼相愛，交相利兩點而立論，以增進萬民的福利，爲政治根本原理。揭「尚賢」論，拔擢選擇聖人賢士立爲天子、公卿、諸侯、鄉長、里長、家君，爲政治的要務。他說：「尚賢者，政之本也。」主張一種像三代禹、湯、文、武的「聖王政治」，反對皇族世襲及裙帶關係。他在尚賢中篇說：

「古者聖王，甚尊尚賢，而任使能，不黨父兄，不偏富貴，不嬖顏色，賢者舉而上之，……以爲官長；不肖者抑而廢之……以爲徒役。」

他主張法治，而法度的建立，認爲莫若「取法於天，因天之行，廣而無私。」倡「尚同」說，認爲治理國家首先須統一全國人民的言論與行爲、思想，使上同於天子，上同於天，上下相同，舉國一致，天下自然大治。其辦法由天子發政施教說：

「凡聞見善者，必以告其上；聞見不善者，亦必以告其上；上之所是，亦必是之；上之所非，亦必非之。已有善，訪薦之；上有過，規諫之。」

這樣治理國家的人就能了解民情，策畫最佳的法度，而能符合人民利益與需要的了。「尚同」，可使上下一致，施政與民情溝通，下有積害，君上就能爲之除去。上同於天，目的在推行利民悅天的政治。此外，墨子主張的非攻、兼愛說，也都是千古不朽的卓論；但也有缺點，蓋愛人如己，則士卒不戰；非攻不能叫人不攻自己；所以墨子並不是一味講非攻，也講守禦的方法。現在「墨子」一書中有備城門、備高臨、備梯、備水、備突、備穴、備蛾、迎敵、旗幟、號令、雜守，都是墨子對弟子禽滑釐所講守城的方法。總之，他整個體系的思想與學說，都是爲著切救時弊，利世濟民而建立的。

近世實利主義者，都是與享樂主義並行，故人樂爲之。墨子則實利主義而配以勤儉主義，主張以禹作爲典範，菲飲食，惡衣服，卑宮室，努力工作，沐雨櫛風，決江河，塞洪水，勤勞不息，爲民服務。但因刻苦過甚，一般人無法做到。所以莊子天下篇評論他說：「其生也勤，其死也薄，其道大觳（枯寂），使人憂，使人悲；其行難爲也，恐其不可以爲聖人之道。反天下之心，天下不堪。墨子雖獨能任，奈天下何？」這是墨家最大的缺點。

三、墨子的論證法

墨子論述自己的學說，就是揭「本」、「原」、「用」三表，作爲議論的根據。非命上說：

「於何本之？上本之於古者聖王之事。於何原之？下原察百姓耳目之實。於何用之？發以爲刑政，觀其中國家百姓人民之利；此所謂言有三表也。」

就是所議論的事，第一先要徵見於古代聖王的事蹟裏。第二須符合於自古以來民衆所耳聞目見的事實上。第三假設應用於政治上，應是有利百姓、人民與國家的。能合此三點，議論才算合理。但這「三表」中，最重要的是第三點，要看它對「國家、百姓、人民之利」來說，是否有利？若有利，這言論就可實行；若無利，就不可行了。這等論理術在先秦時代可說是相當完密的。「墨子」一書，許多地方都用此等論理之法則。例如公孟篇：

墨子問儒者說：「何故爲樂？」

儒者答說：「樂以爲樂也。」

儒家學者以爲音樂的好處在可以娛樂人，使人快樂；但墨子對這種說法並不滿意。因爲他認爲音樂對人們並沒有什麼實用之利，所以他又說：「子未我應也。今我問曰：『何故爲室？』曰：『冬避寒焉，夏避暑焉，室以爲男女之別也。』則子告我爲室之故矣。」由此，可見他對事情、對問題的看法，都是著重於對「國家百姓人民之利」的觀點來立論的；或倡導，或贊成，或反對，都是由這一點出發的。

大家公認在先秦諸子中以墨子學說最合邏輯科學的觀念的，主要是「墨子」中，有「經上」、「經下」兩篇，共計一百八十多條，還有「經說上」、「經說下」兩篇，用來解說經文；晉人魯勝將這四篇，稱做「墨辯」，專為作注。後人又因「大取」、「小取」兩篇，性質相近，遂合稱「墨辯」；也有認為這六篇就是當時所謂「墨經」。內容大都談墨家的名學，也就是今人所說的「邏輯」，其中也有部分談政治，談倫理，談自然科學，所以認為頗合現代科學的精神。不過「墨經」的問題很多，第一是作者問題，有人認為是墨翟自作，有人認為出於「別墨」，有人認為是由墨子門徒所輯補。其次是文字簡略難解。魯勝注早佚，清末以來研究箋注的人很不少，如張惠言、吳汝綸、王闓運、章太炎、楊保彝、梁啓超、胡適之、高亨、李漁叔等都有專論專著，有的以我國名學的觀點，有的以西方的邏輯學、自然科學的原理，也有以印度因明學或佛家大乘法義來解說它，說法紛紜，所見各異，很難論定。現舉「小取篇」：

「辟也者，舉也（他）物而以明之也。侔也者，比辭而俱行也。援也者，曰子然，我奚獨不可以然也。推也者，以其不取之同于其所取予之也。」

從現代修辭與邏輯來看，辟是譬喻，舉他物來說明此物的道理。侔是比較，用等類言辭來比較立論。援是引證，援引例證來推理。推是推論，就是舉已知之理來推斷未知之理。在那時有這樣完密的理論方法，難怪墨子文章是那樣的有條理，說理是那樣的有力了。

四、墨子的書

墨子的書，據漢書藝文志諸子略記載有七十一篇，隋朝以來爲十五卷，目錄一卷，中佚亡了十八篇，今存五十三篇，文辭勁樸少飾，言論博徵史實，內容頗爲複雜。現分項略介如下：

一、親士、修身、所染三篇，爲道家之言，純屬後人僞託。

二、法儀、七患、辭過、三辯四篇，記墨學的綱要，疑亦後人僞作。

三、尙賢、尙同、兼愛、非攻、節用、節葬、天志、明鬼、非樂、非命等二十三篇，是墨家思想的中心要樞。魯問篇中曾提及墨子對弟子魏越說明到人的國家去，須注意各國的不同國情，發表不同的言論。像國家昏亂，就跟他們談尙賢、尙同；國家貧，就跟他們談節用、節葬；國家憙音沉湎，就跟他們談非樂、非命；國家淫僻無禮，就跟他們談尊天、事鬼；國家務強奪侵凌，就跟他們談兼愛、非攻。「尙賢」以下至「非命」每題各有上、中、下三篇，內容大同小異，有人說這是墨子三派弟子，各記他們所聞的師說。篇中都有「子墨子曰」的字樣可作證明。

四、非儒一篇，是墨家反對儒家的言論集。

五、經上、下，經說上、下，附大取、小取，共六篇，叫「墨經」，大半是講論理學說，在全書中最爲特殊。晉人魯勝曾爲經上、下，經說上、下四篇作註，名曰「墨辯」。經爲分條的界說或定義，經說乃就「經」逐條加以解釋。

六、耕柱、貴義、公孟、魯問、公輸五篇，記墨子的言行，爲記言體，略似論語，由墨子弟子纂輯爲之。

七、備城門、備高臨、備梯、備水、備突、備穴、備蛾傅、迎敵祠、旗幟、號令、雜守等十一篇，專記守禦的方法，也是墨子的弟子所記錄。

八、墨子的注本，最早的，以宋鄭樵通志所說的樂臺注本，今已亡佚。是以古字古言，錯簡脫誤，觸處皆是，幾於不可句讀。清乾隆中汪中始校此書，同時研究墨子的學者漸多，或從事校勘，或箋注訓詁，有畢沅墨子校正十五卷目錄一卷，張惠言墨子經說解，孫詒讓墨子閒詁，王念孫讀墨子雜志，蘇時學墨子刊誤，俞樾墨子平議，王仁俊孫氏墨子閒詁補遺，劉昶續墨子閒詁，王闓運墨子注，曹耀湘墨子箋，吳汝綸墨子點勘，尹桐陽墨子新釋，劉師培墨子拾補，吳毓江墨子校注，葉瀚墨經詁義上編，梁啓超墨經校釋，李漁叔墨辯新注，楊寬墨經哲學等等。

現代人闡揚墨子學說的專著，有梁啓超的墨學微（今名子墨子學說，中華書局出版）、墨子學案（商務出版），陳柱墨學十論（商務出版），方授楚墨學源流（中華出版），錢穆墨子（商務出版）、王寒生墨學新論（臺北民主憲政雜誌社出版），高葆光墨學概論（中華文化事業委員會出版）。

（原刊於民國六十六年二月中華國學雜誌）

翻譯佛教經典的第一位大師鳩摩羅什

一、翻譯與文化

世界許多學者都認爲翻譯事業是溝通文化最便捷的方法。日本是個缺乏創造力的民族，但譯業極盛，所以東西方文化都能夠吸收，如印度的佛教，中國的文學，歐美的科學，都經由翻譯介紹而構成日本的文化。中國近三百年來的翻譯事業，是很不發達的。清末民初，譯業雖然一度勃興，但不是有系統的，同時偏重於文學方面，所以還不算理想。臺灣大學方豪教授在「明季西書七千部流入中國考」中說：在明朝萬曆四十八年（西元一六二〇）七月二十二日，比利時教士金尼閣（P. Nicotas. Trigaul）等來華，攜有裝璜圖書七千餘部，全是天人之學及曆法度數之類書籍，當時中國明識之士，如京兆尹楊廷筠在天啓元年（一六二一）就計劃使這些書進呈御覽，想藉帝王的力量，發給儀部及詞林和西方學者合作翻譯，傳布，以提高我國對西方學術研究。到崇禎時候已譯出一百多種。可惜不久明朝就亡了；七千餘部西文書籍，也就淹沒無聞了。方氏以爲當時如果能夠一一迻譯介紹，那麼我國近代科學當不至如今日之落後。以翻譯書籍介紹外來文化，遠比教學子直接修外國文，讀原文書，吸收西方文化精華，要來得經濟、容易、普遍。所以能夠把外國各種書籍，譯成本國文字，譯得愈多，介紹得愈迅速，那麼一國文化的內容，也就愈廣愈新；翻譯工作，在吸收各國不同文化，促進本國原有文化的改革，是非常重要的。中國古時翻譯工作是很發達的。在介紹佛經方面，更有極偉大的成就，譯品保存到現在的還有一萬五千多卷。這種大量把印度佛教思想移殖到中國，使當時中國思想及哲學、文學都發生了極大影響。東、西晉人浪漫的思想和生活，唐朝的變文，宋朝的理學，明朝的神魔小說等都是。中國佛教，也因譯經而發揚光大。當時譯經大師的事蹟，實在值得我們宣揚。這篇要介紹的是東晉時姚秦的譯經大師鳩摩羅什的一生。

二、鳩摩羅什的誕生與他早年的事蹟

佛典漢譯的泰斗，前有姚秦鳩摩羅什，後有唐玄奘。說舊譯必稱羅什，說新譯必推玄奘。唐玄奘從印度回國之後，在十九年內譯出經典一千三百三十卷，卷帙繁富，無可倫比；可是若說譯經範圍的廣泛，那就要推鳩摩羅什了。

鳩摩羅什（Kumarajiva），全名鳩摩羅什婆，略稱羅什，或稱什，譯名童壽。他的父親是天竺（今印度）人，名鳩摩羅炎。他的家世襲爲天竺國相。鳩摩羅炎從小聰明好學，不喜歡榮華富貴。輪到他要繼嗣相位，就辭避出國，東越葱嶺，到龜茲國（在今新疆境）。龜茲國王聽見他來的消息，親自出城迎接，請他爲國師，並且把自己的妹子耆婆嫁給他。不久，鳩摩羅什婆就誕生了。名鳩摩羅什婆，是由他的父母親的名字合成的。

羅什七歲時，隨他的母親一起出家，學毘曇義（註：毘曇，阿毘曇之略，三藏中論藏的通名，但常指小乘薩婆多部之論藏，如發智、六足、婆沙、俱舍等論）。從師誦經，日誦千偈。偈，頌的意思；一偈三十二字，千偈共三萬二千字。九歲，和他母親渡過辛頭河（Sindhu），到罽賓——就是現在印度喀什米爾地方。拜罽賓國王從弟名德法師槃頭達多（Vandhudatta）的門下，學雜藏中「中阿含」「長阿含」等經典，凡四百萬言。中、長、增一等阿含，俱屬小乘。達多常稱揚羅什「神俊」。到十二歲，和母親耆婆一起回龜茲。不久，又到疏勒（一作沙勒，今新疆疏勒），從佛陀耶舍（Buddhaya'sa）學習阿毘曇六足諸論，及增一阿含，又博覽四韋陀典、五明諸論。至外道經書，陰陽星算，也沒有不盡通的。妙達吉凶，言若符契。性格率達，不講小節，修行者頗都懷疑他，然而羅什自得於心，未嘗介意。

當時，莎車國（新疆莎車）參軍王子須利耶蘇摩（Sūryasoma），是研究印度大乘佛教的學者。羅什拜他爲師。蘇摩傳授他「阿耨達經」。羅什纔聽到「陰界諸入皆空無相」的妙義。

須利耶蘇摩的學說，承自南天竺龍樹菩薩的系統。龍樹是印度三論宗、眞言宗的開祖。龍樹傳提婆，提婆傳羅睺羅，羅睺羅傳青目，青目傳蘇摩。這時，羅什專研究龍樹系統的中論、百論、十二論。羅什從前學的是小乘，跟蘇摩後，才從事大乘佛藏的研究。他覺得大乘的妙義，非小乘所可比擬，他說：「從前學小乘，好像人不認得金子，拿鍮石當做珍寶看待。」那時，羅什年十六歲。因他崇信蘇摩，蘇摩對他一生學說影響極大。當時，他讀中論、百論；依賴青目等註釋，而以蘇摩的理論爲依歸。因此有些學者批評鳩摩羅什，說他在文辭製作方面具有高度文學的理趣，但在思想方面卻比較差。譬如對經義解釋不能創出獨悟的見解。這大概與這一時期崇拜蘇摩的心理有關。後來他名家立說時，也就跳不出蘇摩的思想圈子。

不久，羅什隨他母親到龜茲北界的溫宿國（今新疆溫宿）開始傳教的生涯。他的雄辯，使他自己「名滿葱左，聲宣沙外」。龜茲國王親自到溫宿，接他回國。

羅什二十歲，在王宮受戒。又跟名沙門卑摩羅叉（Vimālaiksa ）學「十誦律」。又在龜茲京城的新寺，傳說大乘諸經，四遠宗仰。後來羅什母親耆婆回天竺去，而留羅什在龜茲，同時勉勵他把佛法傳播東土。羅什答應說：「必使流傳，雖苦無恨。」大概羅什的母親，是一位極虔誠的佛教徒；她的教訓，對於羅什後來努力譯經宣揚佛法的行徑深具影響。

羅什在龜茲繼續研究佛典。又在寺邊故宮中，得到「放光經」，日夜鑽研。因他專心研究，終澈悟洞識了大乘經論的奧祕。這時，他過去在罽賓時老師槃頭達多來龜茲，羅什對他詳細講說大乘的妙義，並說：「大乘深淨，明有法皆空；小乘偏侷，多滯名相，有許多漏洞。」槃頭達多說：「你說一切皆空，這種看法是很可怕的。哪有人捨法而愛空呢？這就像從前有個狂人吩咐紡紗師紡線，要非常細。紡紗師加意地紡成了細得像微塵的線。狂人還嫌他紡得太粗。紡紗師不禁發了脾氣，指著空中說：『這是最細的線了！』狂人說：『線在哪兒？爲什麼我看不見呢？』紡紗師說：『這線最細，我是最好的紡紗家還看不到，何況別人呢！』這狂人大歡喜。你說的空法，大概也是從這種說法產生的嗎？」他們兩人反覆辯論了一個多月，終使槃頭達多信服，反而拜羅什做老師。這個逸事，說明羅什已成爲一位對大乘佛法深有了悟的學者。西域各國都極佩服羅什的學問，每至講說經典，諸王都長跪座側聽講，甚至令羅什踐而登上講座。

三、苻堅與羅什的東來

羅什周遊西域講道，名聲漸漸傳到中國。前秦苻堅就有迎接羅什到中土講道的意思。

先有前部國王及龜茲國王的弟弟，一起前來朝貢，游說苻堅，說西域多產珍奇，請派兵前往平定。前秦建元十七年二月，前部國王等又說苻堅西伐。十八年（三八三）九月，苻堅派遣驍騎將軍呂光等率兵七萬人，西伐龜茲和烏耆等國。苻堅詔告呂光說：「朕聞西域有鳩摩羅什，深解法相，可爲後學之宗師；朕甚思之。賢哲者國之大寶。若攻克龜茲，即馳送羅什來。」二十年（三八五）秋八月，呂光攻破龜茲，殺了龜茲王白純，另立純弟震爲王。二十一年九月，呂光携龜茲王女及羅什，駱駝二萬頭，駿馬一萬多匹，珍寶一千多件，回到姑藏（今甘肅武威），聽到前秦主苻堅在肥水一戰，被東晉打敗後，被後秦主姚萇所滅；於是呂光據姑藏、河右（今甘肅一帶地），自稱爲後涼王。鳩摩羅什也就暫留在後涼。

四、譯經事業與時代的需求

佛教自漢時東漸以來，爲了傳教的需要，譯經事業也漸漸興盛。唯後漢至西晉的譯經是很幼稚的。主要譯經者都是從西域來的，如安清是安息國人，支讖竺法護都是月支國人，譯文多取他們本國流行文體；眞正譯經的體裁還沒有建立，文字時有乖謬，不能弘通大旨，致使深義隱沒。宋贊寧高僧傳三說：「初前梵客華僧，聽言揣意，方圓共鑿，金石難和。」這是當時譯經眞實狀況。名僧講經，也只能敍述大意，而後循經轉讀罷了。可是信佛的日多，像釋道安開講筵，聽衆常數百。道安門下名僧慧遠在廬山東林寺，別置禪林傳道，也都感覺到佛經殘缺不全，嘗於後秦弘始六年命弟子法淨、支法領、智嚴、寶雲、智猛等十五人遠去西域求佛經。其他如平陽人法顯，共同志慧景、道整等，於後秦弘始元年（三九九）往印度求經。當時中國佛教，已經不是專待於外國沙門的宣教所能滿足，也不是早期那些殘缺不全的譯經所能滿足了。

五、羅什到了長安，以及他偉大的譯經事蹟

羅什見覊於後涼，前後共十六年。因後涼主呂光父子是不大信佛的，所以羅什也就不能發揮他的才華，蘊藏他的經法，無處宣化。後秦弘治三年（四〇一），姚興遣將西征，後涼主呂隆投降，羅什才被接入關中。十二月，到了後秦首都長安，當道安死後十六年，慧遠已六十八歲，羅什年六十三。

姚興以國師之禮優待他。姚興從小，崇信三寶，且深受道安影響。當時長安所藏佛經雖多，然多有紕繆誤譯處，不能與梵本相應，且文滯義格；所以羅什一到，姚興就請他入西明閣及逍遙園主譯衆經。使沙門僧肇、僧叡等八百多人，諮稟助譯，規模非常大。由於朝廷有計劃輔導這樁譯事，成績大有可觀。

鳩摩羅什於弘始四年（四〇二）譯出「阿彌陀經」一卷，是佛說西方極樂世界的事，爲淨土宗主要經典之一。又譯出「彌勒成佛經」，說南天竺人彌勒在華林園龍華樹下成佛的事。後來譯出「坐禪三昧法門經」二卷，「菩薩訶色欲經」一卷。又譯出「禪祕要法經」三卷。先僧叡從羅什受禪法，此「禪祕要法經」乃什應僧叡所請而譯，是從鳩摩羅陀，婆須密、僧伽羅叉，漚波崛，僧伽斯那，勒比丘，馬鳴等家禪要中抄集出來的。又稱「菩薩禪」，講正坐修禪，靜心明性，治淫欲瞋恚之法。又譯出「禪法要解經」二卷，「思惟略要法」一卷，羅什的禪法，只從小乘禪觀修鍊起，然後進至大乘禪。由道生，慧觀等傳到南方。道生說：「象以畫意，得意則象忘。言以詮理，入理則言息。」與坐禪三昧經說：「言音非實相，但假言表實理。」意同。這種禪觀，起我國後世禪宗的端倪。

弘始五年四月，開始譯「大品般若經」。羅什手持梵本，口自傳譯；姚興親執舊經，以相校讎。和諸宿舊，義學，沙門僧䂮、僧遷等五百多人，詳細研究其義旨，到六年四月，才全部譯完，共二十七卷。大品般若經，即「摩訶般若波羅蜜經」。摩訶，大之意。般若，智慧之意。波羅蜜，義譯爲「到彼岸」，就是「度」之意。「摩訶般若波羅蜜」即「大智度」之義。此經教人如何斷惑證眞，修心養性，顯現其大智妙慧，了悟諸法，度過苦海，到達彼岸。

這時，大將軍常山公姚顯，左軍將軍安城侯姚高篤信緣業，領導大衆，屢次請羅什在長安大寺講說新出衆經。

弘始七年十二月，羅什又譯出「大智度論」；龍樹菩薩所撰，爲「大品般若經」的釋論。此外羅什還譯有「仁王般若波羅蜜經」二卷，「摩訶般若波羅蜜大明經」一卷，及「小品般若經」十卷，「金剛般若經」一卷。

南天竺人提婆菩薩著百論，羅什於弘始四年譯出，因方言未融，譯語未通，被安城侯姚嵩所指摘。至六年，集諸沙門幫助考校，僧叡幫他參正譯文，才全部譯成。「百論」，梵本原爲二十品。一品各有五偈，合有百偈，故名。羅什以後十品爲非要，而省略不譯，但譯前十品爲二卷，專論破邪執，發揮空義。又譯出「中論」四卷，與「十二門論」一卷。中論，龍樹菩薩撰，婆羅門青目作釋，此論本般若無得之旨，破空破假。言一切萬法皆無自性，故謂之空；皆有假相，故謂之假。與釋道安所謂「無在萬化之前，空爲衆形之始」「一切諸法，本性空寂」義同。並進而執中之見，以不生、不滅、不異、不一、不斷、不常、不來、不去等八不，觀中諦之理，又名中觀論。書中列「破因緣」「破去來」等二十七品。「十二門論」的偈、頌、論、釋，都是龍樹菩薩所著，明「觀因緣門」乃至「觀生門」等十二法門，發揮大乘空義。中論、百論、十二門論，合稱「三論」，是印度龍樹系統的三論宗（中觀宗）所依據的論藏，也是羅什所最用力而深通的法門。其大義不出於顯正（理）破邪（道）二轍。

破邪下拯沈淪，顯正上弘大法。並破壞所謂有實我，有實法之固執我與法之說，歸於萬法皆空之義。羅什譯出三論，又譯出「龍樹、提婆二菩薩傳」，「大品般若經」及「大智度論」等，因而開創了中國佛教的三論宗，而爲中國三論宗之祖，當時跟他學三論之弟子稱三千人，以道融、僧叡、僧肇、道生、曇影、僧導等最著，各有著述。中又以僧肇稱爲解空第一。

弘治八年，羅什譯出訶梨跋摩著「成實論」二十卷，由曇晷筆受，曇影正寫。成者成立，實者實義。說此論能成立佛所說經（修多羅）中眞諦實義，明我法皆空，極似大乘。成實論譯出後，流傳極廣，時人與後世講說研究者，宋有僧導、僧威、僧音、法智、道亮、梵敏、道猛梵。北魏有僧嵩、僧淵、曇度。齊有僧鍾、慧次、玄暢。梁有法安、慧球、智順、法寵、法雲、僧綽。陳有洪偃、寶瓊、慧布。隋有慧㤭、靈祐、智脫、道莊。唐有道宗、法泰、道慶、智琰等。敷揚不絕，在江南開創了成實宗，爲小乘中空宗。

同年五月，又譯出「妙法蓮華經」。「妙法蓮華經」，原有晉竺法護譯本，名「正法華經」，及羅什新譯本出，就取代竺法護的舊譯。竺法護是根據印度多羅葉上經文而譯，缺「普門品偈」。羅什根據龜茲文本而譯，而缺「藥草喻品」之半，「富樓那」及「法師」等二品之初，「提婆達多品」等。後至隋朝，才由闍那崛多，達摩笈多據竺法護及羅什兩種譯本，補「藥草喻品」之半，「提婆達多品」「普門品偈」等，編「添品妙法蓮華經」。但現在最流行的還是羅什譯本。妙法蓮華經，揭示三乘歸一之旨。羅什門下研究「妙法蓮華經」的很多，像：道融、道生、曇諦、慧亮、弘充等都講演過蓮華經。高僧傳說：羅什門下誦經二十一人，中誦妙法蓮華經者十六人。妙法蓮華經，後來傳到南方，研究的人更多。

其次譯出「維摩詰所問經」，敍述毗耶離大城中居士維摩詰生病，釋迦佛吩咐他的門徒舍利弗、大目乾連、大迦葉、須菩提、富樓那去看病，諸人都害怕維摩詰本領過人不敢去。釋迦佛又叫彌勒菩薩、光嚴童子、持世菩薩諸人去問病，他們一樣不敢去。最後只有文殊師利一人擔負了這個重任。後來維摩詰與文殊見面，果然大顯神通。這個故事很有趣味。維摩詰經，除羅什譯本外，在三國時已有吳支謙的譯本，後來又有唐玄奘的新譯；但在這三種譯本中，最流行的，還是羅什所譯的。

鳩摩羅什所譯佛經，文字美麗，有許多是有文學價值的。像「妙法蓮華經」內的一些寓言，是富有文學趣味的譯品。維摩詰經，有人說它像一部浪漫主義的小說。所以羅什的譯經，掩蓋了他人，並不是偶然的事。當然他的門徒傳佈宣化，也是使他的譯經流傳更廣大的原因。

羅什個人的才調極高，記憶力強，對佛典多能暗誦；（與他幼年勤於誦經的事，有點關係。）研究方面又廣，三藏九部，無不瀏覽，而深究其義旨；因此所譯的，不但文字雅麗，而且信達可靠。最主要的，還是他翻譯態度的謹愼與謙虛，能夠利用其他學者或助手的專長，幫助他工作。像他自弘始六年譯優婆崛禪師删定的「十誦律」，和罽賓沙門弗若多羅（Punyatara）合譯。弗若多羅是備通三藏而專精十誦律的學者。他們當時在長安逍遙園中，由弗若多羅誦出「十誦律」的梵文，羅什爲之翻譯；譯到三分之二時，弗若多羅圓寂，工作中斷。羅什二十歲在龜茲時曾從名沙門卑摩羅叉學過十誦律。所以這次翻譯工作的中斷，純然由於羅什工作態度的認眞、忠實與愼重所致。弘始七年（四〇五），西域的曇摩流支（Dharmarmi）來長安，曇摩流支也是研究十誦律的學者，且帶有十誦律誦本；羅什又和他合作，審定體制條例，才全部譯完，爲六十一卷，是薩婆多部的廣律，也是中國佛教最初最完美的一部戒律典籍。慧遠也認爲是希罕的譯作。八年，羅什的老師卑摩羅叉自龜茲來長安，以後轉到江南，羅什譯的十誦律，也就是隨之傳到了建康。羅叉通漢語，曾在建康之辛寺講說，學者如林，促成南方律藏的勃興。「十誦律比丘波羅提木叉戒本」一卷，大概也是此時譯出。

又像在弘始十年，羅什本來想單獨把「十住經」五卷譯出，但有許多疑難，經過一個多月的焦思苦慮之後，還不敢大膽下筆，直至他從前在疏勒時的老師罽賓人佛陀耶舍（Buddhayasa）來到長安，跟他互相徵決，審定辭理，才合作把「十住經」譯出。羅什是卓越的譯經家，但不是卓越的思想家；可是他能夠利用別人所長，補自己所短。佛陀耶舍是思考力極強的學者，時人尊爲「大毘婆沙」。羅什借用他的思想力，完成十住經的翻譯。十住經，就是「華嚴經」中的「十地品」，又稱「菩薩十住經」，詳說十住菩薩的修業。接著羅什又譯出龍樹菩薩著「十住毘婆沙論」十七卷，解說十住經的義旨。羅什門下講說研究十住經的也很多。

羅什續譯出首楞嚴三昧三卷、持世經四卷、思益梵天所問經四卷、清淨毘尼方廣經一卷、文殊師利問菩薩提經一卷、發菩提心論二卷、馬鳴菩薩傳一卷、彌勒下生經一卷、梵網經三卷，大集經二十四卷、放光般若經二十卷、華首經三十卷、檢諸罪福經十卷、賢刧經七卷、大樹緊那羅王所問經四卷、佛藏經四卷、菩薩藏經三卷、稱揚諸佛功德經三卷、禪經三卷、阿闍世經二卷、阿蘭若習禪法經二卷、禪要經二卷、善權自在王經二卷、善信摩訶神咒經二卷、新首楞嚴經二卷、大經二卷、諸法無行經二卷、菩提經一卷、遺教經一卷、十二因緣觀經一卷、雜譬喻經一卷、須摩提菩薩經一卷、文殊悔過經一卷、比丘應法行經一卷、無思議光孩童菩薩經一卷、大方等頂王經一卷、大金色孔雀王經一卷、莊嚴菩提心經一卷、佛弟子化魔子偈誦經一卷、太白魔王堅信經一卷、開化魔經一卷、魔業經一卷、過魔法界經一卷、佛問阿須輪大海有減經一卷、魔王變身經一卷、東方善華世界佛座震動經一卷、陀羅尼法門六種動經一卷、佛跡現千輻輪相經一卷、佛齋化出菩薩經一卷、往古生和佛國願行法典經一卷、佛謦咳徹十方經一卷、過去無邊光淨佛土經一卷、佛變時會身經一卷、無量樂佛土經一卷、王后爲蜣螂經一卷、佛心總持經一卷、獮猴與婢共戲致變經一卷、水牛王經一卷、雀王經一卷、兔王經一卷、菩薩身爲鴿王經一卷、佛昔爲鹿王經一卷、牧牛經一卷、虛空藏菩薩問持經幾功德經一卷、觀世音經一卷、彌勒菩薩本願待時成佛經一卷、燈指因緣經一卷、觀普賢菩薩經一卷、本起經一卷、觀佛三昧經一卷、寶網經一卷、樂瓔珞莊嚴經一卷、請觀世音經一卷、持地經一卷、菩薩戒本一卷、般若經論集二十卷、大莊嚴論十五卷、十住論十四卷、婆藪槃豆傳一卷等。羅什前後所譯，凡三百餘卷，遍及經、論、律三藏之佛典；可見羅什學識的廣博，所以能將佛教經典作多方面的介紹。後人評他所譯，能「通源顯神，揮發幽致」，可見他的譯筆流暢、深刻、生動；不但表現出原作本旨精神，而原文幽趣妙義，也都發揮盡致。

另著有「實相論」及「維摩經注」各一部。又有答慧遠問大乘中深義十八科，輯有「鳩摩羅什法師大義」三卷。

羅什於姚秦弘始十一年（西元四〇九、東晉安帝義熙五年）八月二十日，圓寂於長安大寺，年七十。羅什卒年月，諸記不同，有的說七年，有的說八年，有的說十一年，此據梁慧皎撰高僧傳二鳩摩羅什傳之說。

六、他成功的原因

鳩摩羅什死了，影響卻極緜遠。中國佛教由他才有良好的譯本；奠定佛教在中國的地位：三論宗、成實宗因他而開創，天臺宗、禪宗因他而砌基，淨土宗因他有了主要經典。甚至當時名僧釋慧遠也深受他影響。他的翻譯，有如是成就，和唐玄奘中分中國佛教譯經史的天下；除了上面所說時代需要；而個人學識的修養，及能利用集合衆人的力量從事翻譯、考正、傳佈等工作，也是他成功的原因之一。其最主要原因，是羅什開始逐漸建立了一種翻譯文體。慧皎高僧傳二說：「羅什每爲僧叡論西方辭體，商略同異，云：『天竺國俗，甚重文製。其宮商體韻，以入管弦爲善。凡覲國王，必有贊德；見佛之儀，以歌歎爲貴；經中偈頌，皆其式也。』」又說：「改梵（指印度語）爲秦，失其藻蔚，雖得大意，殊隔文體，有似嚼飯與人，非徒失味，乃令嘔噦也。」由這段文字，可見羅什對譯經文體主張的一般。現在我們讀羅什的譯作，他的文字美麗，同時能切合原作義旨，與我國初期「聽言揣意」「了不加飾」

的譯經，全然不同。其次，是他翻譯文字在文句組織構造上，多傾向梵語化，以我國語體夾雜其間，成爲一種新文體。這種文體與當日流行駢文古文不相同，與初期外國譯經者多取其本國文體，也不相同。它比較忠於原作，沒有「改梵爲秦」的毛病，又容易爲中國人士所接受；所以他能夠成爲中國譯經全盛時代中的一位大師，成就超過了在他之前的安清、支讖、支謙、竺法護等名譯經師。

七、餘論

一國文化的革新、充實、提高，都不是偶然的。能夠虛心大量的吸收世界各地進步的文化，才能夠站在時代的前面，作一方文化的中心。翻譯的工作，實有助於本國文化的提高與普及。因爲翻譯可以消除文字上不必要的隔閡。假使我們能夠從中文譯本讀到世界各地最新的科學、文學、哲學的著作，不但可使我們的智識與思想日新，也可幫助我們進一步研究。不過大量翻譯外國書籍工作，實需要政府有計劃性大力地輔導。如姚秦對羅什譯經的輔助，使羅什發揮了個人最大的才能，實現了個人的理想。反過來說，由於姚秦注重翻譯工作，設立譯經機構，應用中外人才，使印度的佛教文化在長安發出了燦爛的光輝，照耀了東方。這種功績，是同樣的不朽啊！

（原刊於民國五十七年四月文風）

司馬遷傳

司馬遷，字子長，是我國最偉大的歷史家。他所作的「史記」，開創寫作歷史的新體制，和對人物史事都有確當批評。他運用流暢生動的散文，使敍事散文達到巔峯；他主張學術思想自由，樹立了史筆的典型；他像現代新聞記者，到處採訪，蒐集史料，能夠寫出古代歷史的眞相。

司馬遷在漢景帝中五年（西元前一四五年），在夏陽（今陝西韓城縣）龍門出生。龍門山開岸濶，黃河奔流至此，傾瀉而下，聲如萬雷。司馬遷就在這樣的開闊的自然環境中，渡過童年。

司馬遷的父親名談做太史令，掌管天文、曆數和歷史圖書。司馬談本身就是博學有名的學者，曾跟唐都學天官，天官就是天文星象；跟楊何學易經，跟黃子學黃帝、老子之道。這種家學淵源，對司馬遷的無形薰陶，自有很大的影響。

漢武帝即位（西元前一四〇）之初，司馬遷跟他父親到京都長安。長安城，在當時是政治文學藝術宗教中心，十分繁華熱鬧，宮殿臺觀就有一千多區，有許多貴族公卿，紈袴子弟，生活都過得非常奢侈，聽歌看舞，鬥鷄走馬；年輕的皇帝也喜歡過這種生活，常和霍去病等人微服出遊，到上林苑打獵，夜宿旅舍飲酒。但從各地來的，英雄豪傑如霍去病、衞青，詩人如司馬相如、東方朔，音樂家如李延年，學者碩儒如孔安國、董仲舒，也都集中京裏，眞是盛極一時。

司馬遷跟他的父親到長安後，就住在茂陵顯武里。茂陵是當時新設置的地區，住的都是從各地移遷來的豪傑富室。關東大俠郭解，著名的辭賦家司馬相如，也都住在這裡。

司馬談是位有理想的人，他爲了不讓兒子，沾染那些有錢子弟的習氣，希望司馬遷將來能繼承他的工作與理想，幫他完成一部比孔子「春秋」更偉大的歷史巨著。當然要想成爲一個偉大的歷史家，必須具備三個條件：

第一要多讀史書。

第二要多遊歷求證史料。

第三要多採訪佚聞實事。

這樣才能獲得豐富而正確的歷史資料。

司馬談有意要造就培植他的孩子，所以當司馬遷十歲時候，就開始培養他的能力與學識，讓他讀各種史籍經子；史籍像「國語」、「左傳」、「系本」等；並且請當時最著名的學者來教他，——過去兩部著名的史書。請孔安國教他「尙書」，董仲舒教他「春秋」。孔安國有「古文尙書」；古文指古代篆隸科斗，孔安國以今文（漢隸）讀之。後來司馬遷作「史記」，作堯、舜、夏禹本紀，都是根據「尙書」中「堯典」、「舜典」、「禹貢」等篇，但都改用漢朝當時語文來撰寫，和「尙書」有些出入。

董仲舒是研究孔子「春秋」的著名學者。他排斥諸子百家，獨尊儒家，著有「春秋繁露」十七卷。董仲舒曾經和司馬遷談論到孔子作「春秋」的事情說：「周朝衰微，孔子周遊各國，遭到諸侯的迫害，大夫的阻礙。孔子知道說法不能被採用，理想也不能實現，就著手撰寫『春秋』，記載二百四十二年間的歷史，褒貶是非，作爲天下人的儀表典範。春秋時候，弑君三十六，亡國五十二，諸侯不能保全君位的，不可勝數。孔子是用『春秋』這部經典的記事，來寄託揚善斥惡的大義。這就是春秋筆法。」司馬遷努力讀書，經過了十年，有關撰寫歷史的各種知識，已經紮下非常結實的基礎。

到了司馬遷二十歲時候。司馬談就讓他出外作有計畫的旅行。他騎馬乘舟，漫遊南北各地，增加見聞，探訪故老，訪求遺蹟，聽取佚聞，蒐集史料。

司馬遷大概由長安南下，經湖北，過洞庭，至（湖南）長沙。在汨羅江邊，面對著滔滔流水，他想起了顏色憔悴，形容枯槁，行吟澤畔，抱石沈江的詩人屈原。在沅、湘之間，當地人祭神盛會，還唱著屈原作的九歌：「嫋嫋兮秋風，洞庭波兮木葉下。……」然後，他沿長江東去，過江西九江，登上廬山，看大禹疏導的九江，流入了鄱陽湖。再坐船到江、淮一帶，他轉往浙江會稽，他參觀憑弔大禹治水，大會諸侯計功封爵的遺趾，死葬的洞穴。然後北上江蘇吳縣姑蘇山，俯瞰太湖（五湖），煙波飄渺，尋訪吳王、西施的芳跡艷事。在淮陰，他聽到當地父老講說，當年韓信從一個無賴漢的袴襠下爬了過去，大家都笑他怯懦膽小的舊事。在沛郡豐縣間，他聽到了漢高祖劉邦殺死了一條大蛇；有一個瘋婆子卻哭著說：這條死蛇是他的兒子，現在被赤帝的後人所殺。還有蕭何做縣裏官吏，曹參當監獄官，樊噲、滕公屠狗賣繒的趣事。經過彭城時候，又聽到項羽和劉邦爭天下，鴻門之宴，霸王別姬，烏江自刎，種種慷慨悲歌的往事，統統出籠。

司馬遷再往北走，到了山東，訪問齊、魯兩國的故都，尤其參拜孔子講學的地方，觀看曲阜孔廟的陳設禮器，許多儒生講禮習樂的情形。他在泰山、嶧山，看到歌頌大秦功德的碑刻。在薛城還流傳著齊國孟嘗君好客的故事，門下食客有三千人，吃飯要敲鐘召集，要用大鼎裝菜。回途經過河南，到魏都大梁（開封），秦兵引河溝水灌了三個月，才攻下這座大城；司馬遷只好在廢墟間，去尋問替信陵君出妙計的侯生和朱亥的事蹟。

在這次南北遊歷中，司馬遷認識了各地的英雄俊傑；後來他做太史令時，又扈從武帝走過許多地方，也聽到許許多多可歌可泣的事蹟。他這種讀萬卷書，行萬里路，周覽四海名山大川，古城勝區，求天下奇聞壯觀，對歷史知識的充實，文章氣勢的培養，是有非常大的幫助，所以後來他撰寫「史記」，表現於語言、文字自然充滿了疎蕩的奇氣，而不自知！

司馬遷在外遊歷了兩年多，又回到京裏，先做博士弟子員。次年才做郎中，為皇帝侍衞，大概在這時認識李陵。司馬遷自己說：「因為路子不同，和李陵並沒有什麼深交；然而看他為人，事親孝，與士信，臨財廉，自是一位奇士。」

元鼎六年（西元前一一一），司馬遷三十五歲，將軍李息征討巴、蜀以南，攻取四川邛、笮，雲南昆明；他奉命前往招撫這些西南夷，看到滇池風光，編髮習俗。

元封元年（西元前一一〇）正月，漢武帝率領文武百官，前往河南緱氏，祭祀中嶽太室山；坐船東巡海上，欲求蓬萊神仙。四月，至奉高（今山東泰安東北），登上泰山，建壇封禪，舉行盛典，祭祀天地神明。（封，堆土爲壇，用以祭天；禪，除地爲墠，用以祭地。墠、壇通。）然後繞行北方邊地，回到京城，共計走了一萬八千里路。

這時司馬談因爲半路生病，不能隨行，滯留洛陽。他因爲不能參與這次盛典，深感鬱憤遺憾，自傷這是「命」啊！

司馬遷從西南夷回來，經過河、洛間，就去看望他父親的病。司馬談病況嚴重，自知不起；他許多年來想寫一部歷史，已經蒐集了不少資料，現在就只好交託給他的兒子了。他緊握著司馬遷的手，眼淚撲簌簌地落下，說：

「我們家從周朝起，就世世代代做著太史的官。所以我死了，你一定會接替這個工作。這二十五、六年來，我要你讀各種史籍，到各地遊歷，就是要培育你的深厚學養與編史能力。我蒐集了許多史料，本想寫一部歷史的巨著。從孔子著『春秋』以來，至今約五百年，中間發生了許多事情；但因諸侯戰爭不停，這段歷史沒有人去整理記述。現在四海一統，天下太平，有明主賢君，有忠臣義士，也有許多事情該記。可是我做太史令，卻沒有把他們記載下來，形成一片空白。我實在感到慚愧。我害怕後人無法知道這段歷史；所以你千萬要記住這編史的工作是非常重要的！現在，我不能自己動筆，只有寄望你來完成這個理想。假使你能完成這部偉大的史書，也可以使你立身揚名於後世。那我也就感到無比的光采！」

司馬遷當時十分感動，決定繼承實現父親的遺志！撰寫一部有史以來最偉大的歷史。元封三年（西元前一〇八）六月，就是他父親死後第三年，他接任了太史令的職位，時年三十八歲。因此，他能夠讀到皇家檔案，各國史料；又屢隨武帝巡遊各地。四年（西元一〇七）十月，他就隨著武帝北出（甘肅）蕭關，經過朔方（在今綏遠），至代郡（山西代縣），回到長安；看到了秦始皇時，大將蒙恬率領三十萬大軍驅逐戎狄後，連接各國邊城，築成的萬里長城，蜿蜒在高山崇嶺之間，處處設有亭障堡壘，眞是氣象雄偉，堪稱天下第一。司馬遷看了，卻不禁感歎勞民太甚，而認爲蒙恬兄弟的遇誅，自是應該的。五年（西元前一〇六）冬天，又隨武帝南巡，到盛唐（在安徽境），遙祭葬在九疑山上的虞舜。使司馬遷想起了舜帝的盛德。

太初元年（西元前一〇四）十一月，司馬遷四十二歲。他和公孫卿等三、四十人，制訂了太初新曆，百官儀制。

這時，司馬遷和上大夫壺遂討論編纂「史記」的事，壺遂說：「孔子作『春秋』，是因爲上無明君，下不得用事。現在，你遇到賢明的國君，又有很好的工作，萬事合宜如意；你還寫什麼歷史？還要評論什麼事情？」司馬遷答道：「堯、舜之盛，有『尚書』記載他們；湯、武之隆，有詩歌歌頌他們。『春秋』推許三代的盛德，宣揚周室的制度，不只是譏刺而已。漢朝興盛以來，澤布天下，四夷懷德；我掌管史職，又怎能夠面對人的盛德不記？淹沒人的功業不述？放棄先父的遺志呢？你把我編撰『史記』的工作，比做『春秋』，有意貶斥世人，評擊時事，實在錯誤極了！」這一番話，使壺大夫體認到司馬遷編史的意義的偉大。

司馬遷開始時候，先擬訂全書的體例，分做五項：

㈠本紀，以帝王爲中心，記全國性的大事。

㈡年表，以時間爲中心，編排各代各地大事，便人查檢。

㈢書，有禮、樂、律、曆、天官、封禪、河渠、平準八書，專記禮儀、音樂、律呂、曆法、天文、鬼神、水利、經濟等專題，典章制度的沿革。

㈣世家，記諸侯的事，述其存亡及特殊人物。

㈤列傳，分記各種重要人物的事，或一人一傳，或數人合傳。

「史記」因爲是以「本紀」與「列傳」爲主體，稱做「紀傳體」，更改了「春秋」的編年體例。「紀傳體」，成爲「漢書」以後二十四部（包括「清史」在內）正史的體例了。而且他打算從「黃帝」到「漢武帝」，二千六百年之間的歷史，全都把它撰寫出來，不只是孔子作「春秋」以後四、五百年間的歷史；這自然是非常浩大艱巨的工作。

這時，司馬遷把全部心力和業餘時間，都投進這個工作，焦思苦慮，廢寢忘食，來撰寫這部偉大的「史記」。他日夜不停地工作，要將前人動人的事蹟，翔實地撰述了出來！他每一卷都是寫了削改，削改了又寫，再三斟酌，非常謹愼，工作進行得非常緩慢。已經七年了，也不過寫了幾十卷。不過，每一篇大都有深遠的寄意，並加評論，繼承了孔子的「春秋筆法」，鑒往警來，以微闡幽，不虛譽，不隱惡，寫得簡要眞實，文字委婉動人。他私自暗喜，這可能將成爲我國第一部歷史的巨著。

天漢三年（西元前九八），司馬遷四十八歲時候，發生了一件極其不幸的禍事。司馬寫作史記的工作，幾幾乎因此半途而廢。這不幸的災禍，對司馬遷是極嚴重的打擊，是椎心泣血的苦難！

雄才大略的漢武帝，是一位好大喜功的國君，做皇帝之後，就全力對外發展：元朔元年（西元前一二八），滅朝鮮。元鼎六年（西元前一一六），平定兩越及西南夷。元封二年（西元前一〇九），降滇王。三年（西元前一〇八）破樓蘭及車師。太初元年（西元前一〇四），伐大宛，取天馬。並派張騫出使西域，有三十六個國家賓服入貢。國勢極爲強盛。

但漢武帝有一件事深感遺憾，就是北方匈奴未曾降服，而且曾圍困漢高祖於平城，以後又不斷侵犯邊境，殺傷漢人，掠奪物資。武帝認爲這種國耻，應該湔雪，所以他即位不久，就連年派遣王恢、衞青、霍去病、李廣、趙破奴、李廣利率領大軍攻擊匈奴；也給匈奴相當重創，斬敵俘虜無數。元狩二年（西元前一二一）春天，霍去病攻佔了匈奴的牧地焉支山；夏天又攻下祁連山。匈奴人歌說：「失我焉支山，令我婦女無顏色；失我祁連山，使我六畜不蕃息。」匈奴是遊牧民族，在荒涼沙漠中，逐水草而居，沒有固定的住所，像飛鳥走獸的聚散，打了敗仗，就往北遷移；秋高馬肥，又再南下騷擾。漢軍要消滅他們，極爲困難。

天漢元年（西元前一〇〇），且鞮侯單于新立，害怕漢人攻擊，派使來漢朝求和。武帝派蘇武爲中郎將，率領一百多人使節團，回報匈奴。沒想到副使張勝牽涉進匈奴內部政變案件，整個使節團被匈奴所扣留。漢武帝一生氣，第二年（西元前九九），派李廣利攻擊匈奴，吃了敗仗。

九月，武帝又派李陵，率五千步兵深入匈奴，終與匈奴大軍相遇，殺傷敵人兩、三萬；最後因援絕被俘，投降匈奴。當李陵戰勝的消息傳來，大家舉觴慶賀說：「李陵眞是勇敢善戰！」但當李陵的敗訊傳來，武帝在宮中非常震怒生氣。大家都說：「李陵該死，應該滅他的族！」李陵的母親、妻子也就關進了監獄。

司馬遷這時剛好在那裡，武帝順便徵詢他的意見。司馬遷說：「李陵的步兵不滿五千，卻跟匈奴全國騎兵對抗。這好比送餌到老虎的嘴裏；但他卻打了十多天仗，轉戰一千多里，殺了敵人一大半。敵人救死扶傷都來不及，匈奴的酋長心驚膽戰，徵調全國會拉弓射箭的平民，加入包圍攻擊。李陵終因箭射光了，刀都砍斷了，援兵又不來，部下雖然死傷很多；但李陵一聲高呼，大家又奮起拼死作戰，冒著白刃，爭先殺敵。他能得到部衆這樣的拼死力戰，就是古代的名將，也不過如是！我們可以將他這種輝煌的戰績，勇敢的精神，向天下宣佈。他最後不得已投降，也許是想等待機會，脫身回來，再報效國家吧！」

武帝認爲李陵爲將領沒有戰死，竟投降敵人；司馬遷不應該替他說話；又以爲司馬遷有意藉此評擊李夫人哥哥李廣利吃敗仗的事，所以聽了就非常生氣，就下令將司馬遷下獄，交付審判。

當時，一個人犯了罪，可以用金錢來贖罪。但司馬遷因爲家裏窮，他的妻子籌不出錢來，他的親戚朋友害怕牽連，都躲得遠遠的，沒有人設法營救他。皇帝左右親近的人，也不給他說半句好話。「太史」在皇帝的心目中，也不過跟倡優等流；死一個也不過像九牛亡一毛，跟踩死一隻螞蟻何異！無足掛齒。加上當時刑罰峻刻嚴厲，審判官希承皇帝的意思；因此司馬遷被判處「腐刑」。腐刑就是去勢。這在智識份子來說，自然是奇恥大辱！比「毀肌膚，斷肢體」，還要下一等！

司馬遷在「報任少卿書」中，自述這一段痛苦的經歷說：關在黑暗的監獄裏，穿著紅色囚衣，帶著手銬腳鐐，趴在地上向獄吏磕頭，不時要挨鞭子、板子；自己眞的好幾次都想到自殺，了結此生。古書說：「刑不上大夫。」這句話是說：一個讀書人，應該重視自己的志節與尊嚴；這樣才不至於受盡屈辱。所以古代士大夫觸犯法網，大多在受法律制裁之前自殺，以免受辱。就拿武帝時來說：丞相趙周、廷尉張湯、屯將軍王恢、前將軍李廣，有的在下獄前自殺，有的在監獄裏自殺。司馬遷說：現在他挨打板子，看到獄吏就頭搶地，看到獄卒就嚇得喘氣；能說這不是屈辱之極吧！一個人莫不貪生怕死；這是因爲他們思念父母，牽掛妻兒的緣故。而他父母早已死了，又沒有兄弟，而且判處了這種刑，對妻子還能做什麼事！他說：他自己雖然懦弱，但也知道生死的分際呀！他之所以隱忍苟活，屈辱偷生，實在是因爲他要完成他父親的遺志！

這時「史記」才寫了幾十卷，還沒有全部完成，就這樣的輕生自殺，半途而廢，毫無意義，徒爲天下人所笑而已！這時生存與死亡，屈辱與榮譽，曾經在他的心中激烈地交戰，掙扎。啊，接受屈辱，我就可以生存！要保全榮譽，我就只有選擇自殺的一途！「人固有一死」，但死要有意義，有價值！

死有輕於鴻毛，有重於泰山！榮譽與責任實在難以兩全。他又說：從古以來，有錢有勢的人，死了，名字就消失磨滅的，記也記不完！只有最堅卓不凡的人，才能做到忍辱偷生，發憤著述，而永垂不朽！像周文王被關在羑里，而演繹了「周易」；像孔子受困於陳、蔡，而寫成了「春秋」；像屈原放逐而作了「離騷」；像左丘明瞎了眼睛，而寫成了「國語」；像孫子刖斷了兩腳，而整理了兵法；……還有像「詩經」三百篇，大抵都是聖賢發憤所作的作品。這些人都是滿腔鬱結，不能實現他們的理想大道，而留下了這些文章作品，表現自己，發洩憤懣！司馬遷認爲他自己也應該這樣做，一定要苟全可貴的生命，來完成未完成的史記，來實現父親臨終囑託的理想！他經過痛苦悲憤的細慮之後，終於怡然毅然的決定接受：恥辱與痛苦的宮刑，成一個爲世俗所譏笑的刑餘的人！

司馬遷出獄之後，因他的才華傑出，學識淵博，仍然被派充中書謁者令，在武帝的身邊，掌管宮廷儀制，撰擬詔書。他雖然內心不平痛苦，每當想起了這種恥辱，常常汗流沾衣。但他卻更加堅忍奮發，利用每一刻空暇的時間，努力撰寫史記，以慷慨淋漓的文筆，抒發激昂悲歌的史事。

這樣又經過了七、八年。到了征和二年（西元前九一），司馬遷五十五歲；他終於寫成了「上繼春秋，下開史法」的一百三十卷的「史記」，共計五十二萬六千五百字，包括本紀十二卷，年表十卷，書八卷，世家三十卷，列傳七十卷。這是一部探究宇宙人生關係，貫通古今歷史演變的巨著，處處寄託作者的觀點與理想，以及對人物客觀的批評，表現了絕妙的寫作技巧，筆力雄渾，文情激蕩，活潑而生動，具體而感人，所以能夠膾炙人口，流傳後代！

史記的「紀」「傳」「書」「表」四種體裁，互相照應連繫，形成一種有組織的歷史。司馬遷首創這種體例，以後班固作「漢書」，范曄作「後漢書」，陳壽作「三國志」，一直到清朝人修「明史」，民國人修「清史」，都是採用這種編法。司馬遷繼承家學，飽讀史書，廣搜文獻，足跡遍天下，到過現在的河北、河南、山西、山東、陝西、甘肅、綏遠、江浙沿海、兩湖、江西、安徽、四川、雲南、貴州各地，到處考古問俗，訪求佚聞，以直接見聞，與史料相印證，批評鑑別，排比整理，作成這一部巨著。班固贊美他說：「善敘事理，辯而不華，質而不俚，其文直，其事核，不虛美，不隱惡，故謂之實錄。」

「史記」不只是在史學上有影響，也成爲後代散文作家所愛讀取法的對象。就拿唐、宋八大家來說，沒有一個人不讀過史記，不受其影響。沈德潛就說：「韓愈的文章，出入孟子，陶鎔司馬遷，故能在六朝之後，使古文中興。」柳宗元文，雄深雅健，韓愈說出於司馬遷。蘇軾稱：歐陽修記事似史記。蘇洵筆力堅勁，謹嚴華蕩，也得力於史記。宋史稱曾鞏文，上下馳騁，愈出愈工，本原六經，斟酌於馬遷。蘇軾散文，豪邁奔放，流暢生動，當亦與太史記有關。蘇轍在「上樞密韓太尉書」中，說「太史公周行天下，與豪俊交遊，故其文疎蕩，頗有奇氣」，而讚羡不已！後代的戲劇也多取材於史記，像「霸王別姬」、「韓信拜將」、「伍子胥過昭關」、「漢高祖斬蛇」、「凍蘇秦」、「進西施」、「馬陵道」、「將相和」、「趙氏孤兒」、「鴻門宴」……等等都是，史記所記事多成了流行民間的通俗歷史劇了。

後元二年（西元前八七），漢武帝以七十三高齡過世，葬於茂陵。第二年，也就是漢昭帝始元元年（西元前八六），我們這位偉大的歷史家，司馬遷也走完了人生的路程了，享壽六十。死後，他歸葬於故鄉夏陽東南。現在陝西韓城縣芝川鎮司馬坡上，仍留有他的故里牌坊、墳墓和祠堂。當我們走進他的祠堂裏，可以看到在他坐像的兩邊，有一對楹聯寫著：「文章建雄筆，存貌壯龍門。」供我們瞻仰憑弔。

司馬遷死後，他的史記開始部分流傳。漢宣帝時，他的外孫楊惲將全書獻給朝廷，並傳寫流行於世。漢人稱爲「太史公書」，或「太史記」。魏晉間簡稱爲「史記」。內容有些殘缺，經後人補續改竄的不少。褚少孫所補充，獨知名於後世。注解史記的，有晉裴駰集解、唐張守節正義、司馬貞索隱，合稱史記三家注。後人注解考訂史記的書非常多。史記後來流傳到日本；對日本文化風習也有很大影響。如日本大臣犯罪、切腹自殺的風習，應當是受司馬遷說法的影響吧！

司馬遷生前所受的委屈耻辱，早已得到千萬倍的報償，留下了不朽的聲名，成爲後代作家、史家所努力追蹤的典範！

（財團法人廣播電視事業發展基金，民國七十八年公共電視節目「中國文學家系列」之一「司馬遷傳」）

劉安與淮南子

一、作者的事蹟與傳說

劉安，大約生於漢文帝初年（西元前一七九），是漢高祖的庶孫，淮南厲王長的長子。厲王自以爲和文帝爲兄弟最親，椎殺辟陽侯審食其，文帝寬赦了他。回到封國後，更加驕恣，不守法度，不聽詔令，欲圖不軌。因此在文帝初六年（西元前一七四）被廢，流放蜀郡嚴道（今四川榮經縣）邛來山郵亭安置，那是一個蠻夷荒涼的地區。厲王坐在檻車裏，說：「人生一世，怎能悒悒如此？」半路上絕食死了。文帝很眷念他，八年封他的四個兒子爲列侯；安爲阜陵侯。這時民間流傳一首歌謠，說：

「一尺布，尚可縫；一斗粟，尚可舂；兄弟二人，不能相容！」

諷刺文帝逼死厲王。文帝怕人誤會他貪心淮南的土地，所以又在十六年（西前一六四）將厲王的舊封地，分封給厲王的兒子；因此安封爲淮南王，建都壽春（今安徽壽縣）。

安爲人愛好讀書鼓琴，不喜歡打獵狗馬，頗行仁政，撫卹人民，因此飲譽天下。他招致賓客方術之士數千人，研究各種學術，編了很多書籍；甚至連談神仙鍊金的方術的著作，也有二十多萬字。由於他的學識淵博，很會寫文章；武帝好藝文，他又輩屬叔父，很受到武帝的尊重，待他甚厚。武帝每次給他寫回信及頒賜的草稿，常召司馬相如等看過，才行發出。

建元二年（西元前一三九）安入朝，獻上新著的內書；武帝很喜歡，而且珍藏了起來。使他作「離騷傳」，他很快就作好。他又獻「頌德」及「長安都國頌」。每次武帝設宴召見他，談說政治得失，方技賦頌，常常談到昏暮才罷。在他入朝時，太尉武安侯田蚡曾對他說：「方今皇上沒有太子（按戾太子據生於元朔元年、西元前一二八），大王是高皇帝的親孫子，施行仁義，天下沒有人不知道的；有一天宮車晏駕，除非大王，還有誰當立爲國君呢？」使他萌生了覬覦的心理。再加上手下的賓客，又多江淮間輕薄不逞之徒，又多拿厲王死的事來激他。因此，安暗攬英俊，畜養武士，盛作攻戰之具，常使女兒陵多帶金錢進京去偵察動靜，勾結左右，作隨時應變的措施。武帝元朔二年（西元前一二七）賜几杖不朝，以特殊的尊寵來安撫他。

安有兩個兒子：庶子不害，年較長，安不大愛他；太子遷，王后荼所出。元朔五年（西元前一二四），遷與郎中雷被比劍。被失手擊中遷。遷大怒。被害怕，想從軍擊匈奴，離開淮南。但是遷說雷被壞話，安因此斥免他。於是被逃到長安，告他妨害志願從軍奮擊匈奴的人，違背了詔令。當時，朝廷公卿主張按律判安死刑。遷就建議如果漢使前來拘捕，就刺殺他，然後起兵。武帝不肯，僅令削去封地兩縣。

安對削封的事，深引爲恥，就日夜和伍被、左吳等按索地圖，部署兵力。伍被是安手下英俊才士中的領袖人物。他並不贊成，反覆勸諫他勿求徼。

這時，安的兩個兒子不和，互相殘害。不害兒子健，想使他父親取代遷為太子，在元朔六年（西元前一二三），派人上京告密，要陷害遷。故辟陽侯的孫子審卿怨恨厲王從前椎殺他的祖父，又乘機鼓動丞相公孫弘，窮究其事。

安怕事覺，就想舉兵，屬下左吳、趙賢、朱驕如等都很贊同；只有伍被反對，認為武帝布德施惠，威動萬里，大將軍衞青極有才能，無法成功。最後終又贊成，且為策謀。漢朝廷尉因為他的孫子建的供詞，牽連到太子遷。所以武帝下詔逮捕遷。遷自殺，沒死。伍被卻在這時前往自首，陰謀因此暴露了出來。於是漢吏圍捕了太子遷，王后荼，以及參與謀反的列侯、二千石、豪傑等幾千人，形成一時的大獄，都按罪輕重，或誅或族。安也在元狩元年（西元前一二二）十月自殺，在位四十二年，年五十八，國除為九江郡。伍被雖然自首，終也被誅。（安事見史記淮南衡山列傳第五十八、漢書淮南衡山王傳第十四）。

安曾撫卹百姓，頗得人心，加以他喜歡神仙道術，所以民間傳說他不曾自殺死，乃與八公相攜仙去，白日飛昇，莫知所往。甚至說他「能隱形升行，服氣不食」。武帝要他傳授；他不肯，說：「沒有這事。」武帝很生氣要想殺他。他就舉家成仙，用過的藥器留置庭中，鷄啄狗舐，也都升了天，所以「犬吠於天上，鷄鳴於雲中」。成語中有「一人得道，鷄犬升天」的故事，就出在這裡。八公都是鬚眉皓白的仙人，能種種異術，千變萬化。安作有「八公操」琴曲，其詞說：

「煌煌上天，照下土兮；知我好道，公來下兮。公將與余，生毛羽兮。超騰青雲，蹈梁甫兮。觀見瑤光，過北斗兮。馳乘風雲，使玉女兮。含精吐氣，嚼芝草兮。悠悠將將，天相保兮。」

由「淮南萬畢術」的殘卷，也可以理解「論衡道虛篇」、「漢武故事」、「神仙傳」中，這些有關淮南王劉安」的神話產生的背景了。

二、淮南王的著作與版本

淮南王劉安是一個多才博學的人。他以國王之尊，下禮賓客，因此各種道術之士都來到這裡，當時的淮南成爲南部的一個文化中心，於是有各種奇文道術的著作。在漢書藝文志及淮南王本傳中，著錄在淮南名下的書不少，大都是那許多方術之士合作的產物，而名歸於安。這好像「呂氏春秋」之稱「呂不韋撰」的一樣。其中當然也不能說沒有他自己的手筆。現在將藝文志中與他有關的著作列述如下：

㈠淮南道訓二篇　見六藝略易部，是研究易經的著作。班固自注：「淮南王安聘明易者九人，號九師說。」此書已佚，清馬國翰有輯本。

㈡淮南內二十一篇　見諸子略雜家，當即漢書本傳所謂「內書」，後所謂「淮南子」。東漢有許愼注、高誘注；二注至宋代已相參一起，無法分辨。清有莊逵吉、錢坫校本。近人有劉文典「淮南鴻烈集解」、沈洪「淮南子選注」等本。輯許愼注者有孫馮翼、丁晏、葉德輝、陶方琦、王仁俊等。

㈢淮南外三十三篇　　見諸子略雜家，漢書本傳稱「外書」。師古注：「外篇雜說。」東漢末已殘缺。後世史志未載，似早已亡佚。

㈣淮南王賦八十二篇　　見詩賦略。淮南王所作的賦，現僅存「屏風賦」一篇（見「全上古三代秦漢三國六朝文」，引「藝文類聚」）。篇目可以考見的，有「熏籠賦」（見太平御覽七百十二引「別錄」）；「頌德」、「長安都國頌」（見漢書本傳）。

㈤淮南王羣臣賦四十四篇　　見詩賦略「楚辭」中，收有淮南小山作「招隱士」一篇；「昭明文選」以爲安作，那是錯誤的。

㈥淮南歌詩四篇　　見詩賦略。也可能是流傳淮南民間的歌謠。郭茂倩樂府詩集卷五十四舞曲歌辭雜舞中，收有淮南小山作「淮南王篇」，言劉安仙去的故事。卷五十八琴曲歌辭，收有劉安「八公操」一首，爲「八公來降」而作歌。

㈦淮南雜子星十九卷　　見數術略天文部，已佚。

見於漢書淮南王本傳的著作，除前述的「內書」、「外書」之外，又有：

㈧「中篇八卷，言神仙黃白之術，亦二十餘萬言」。黃白就是「煎泥成金，凝鉛爲銀」的方法。中篇，又稱「枕中鴻寶苑秘書」（見漢書楚元王傳），或稱「鴻寶萬畢」（見葛洪神仙傳）。梁阮孝緒「七錄」有「淮南萬畢經」一卷，「淮南變化術」一卷。此書亦佚，但因說的是神仙變化，延命方、錬金術等，後代尚有傳者，而有許多輯本，有茆泮林「梅瑞軒十種古逸書」輯本，孫馮翼「問經堂叢書」輯本，丁晏「頤志齋叢書」輯本，葉德輝「觀古堂」輯本，王仁俊輯本。

上述八種著作，現在只有內書（淮南子）二十一篇傳了下來，其餘都佚亡了。

三、淮南子的書名及內容

劉安的內書二十一篇，大概在漢武帝建元二年（西元前一三九）前成書，一名「鴻烈」，見「西京雜記」及高誘「淮南子序」；劉向才爲改名「淮南」。班固依據劉向、劉歆父子的記述，列於漢書藝文志諸子略；後人因此稱之「淮南子」，隋書經籍志即作「淮南子二十一卷」。東漢建安時高誘爲序說：

「安善屬文，天下方術之士，多往歸焉；於是遂與蘇飛、李尙、左吳、田由、雷被、毛被、伍被、晉昌等八人，及諸儒大山、小山之徒，共講論道德，總統仁義，而著此書。其旨近老子，淡泊無爲，蹈虛守靜，出入經道，……及古今治亂，存亡禍福，世間詭異瓌奇之事，其義也著，其文也富，物事之類，無所不載，然其大較，歸之於道，號曰鴻烈。鴻，大也；烈，明也；以爲大明道之言也。」

由此，可知「淮南子」是劉安和高才的門下客合纂成。明王世貞藝苑卮言說：「淮南鴻烈，雖似錯雜，而氣法如一，當由劉安手裁。」胡應麟卻認爲此書非雜出賓客之手，特因安「招集奇士，傾動四方」，故有此說（見少室山房筆叢二十八）。其實由這部書的思想與議論看來，前後相矛盾的很多，絕不類一人所撰；大概是劉安總裁定稿罷了。由於文辭恣肆汪洋，縱橫跌宕，奇麗宏放，瑰目琛心，揚雄嘗以淮南與司馬遷並稱，允爲漢代一大傑作。古時很多文人都愛讀這部書，後世作家亦多徵引書中文字。

淮南子全書二十一篇，除最後一篇「要略」外，其他二十篇都叫做「訓」。如「原道訓」、「俶眞訓」。訓，「訓世」義。姚範懷疑「訓」字是高誘自稱他的注解，不是淮南子原有的篇名所有。二十一篇的內容，吾師梁子美先生在「劉安生平與淮南子」中，曾加論述，極爲簡要。今稍加補充，轉錄於下，以供讀者參考：

㈠原道訓：言道之體用，多本於老莊。㈡俶眞訓：論宇宙的本原，事物的變化，生死的無異。㈢天文訓：言天文、律呂、曆數、度量衡事。㈣墬形訓：記地理知識與怪異傳說。傳說部分，可說是山海經的縮本。㈤時則訓：述十二月節候與政令，略同呂氏春秋十二紀和禮記月令。㈥覽冥訓：言物類的感應，非人類有限智慧所能知，又斥申不害、商鞅、韓非之法爲治之本說。㈦精神訓：言去嗜慾，始能隨順自然，並攻擊儒家的注重禮樂。㈧本經訓：言仁義禮樂不足行，終言禮樂本出人情的自然，未可厚非，與「精神訓」所說的矛盾。㈨主術訓：論人主之術，以無爲爲治，主任人、任法，接近法家的學說；末言制民之產，略同「王制」，則採儒家之說。㈩繆稱訓：言道德衰滅，而仁義生，襲道家說；次言治貴立誠，則近儒家說。⑪齊俗訓：說明禮俗的本質，不得以高行爲俗。⑫道應訓：引老子語，而以古書爲證，似韓非子「解老」。⑬氾論訓：論變法，用刑賞，以收治效，和商君言論相同，與「覽冥訓」所論的矛盾；又言神道設教。㈩詮言訓：言無爲無欲，免害不必求利，可以治天下。㈤兵略訓：論用兵原理及用兵術，兵的利害，爲漢以前論兵學說的會要。㈥說山訓、㈦說林訓：多舉故事，以說明簡要道理，似韓非子「說林」和「內、外儲說」等篇。㈧人間訓：言禍福相倚伏之理，多引故事證明。㈨脩務訓：始論無爲、有爲之辨，終論學問之道要求眞是非，前後自相牴觸。㈩泰族訓：總論古今之道，萬物之理，以明道德治術的大本。㈢要略：爲本書的自序，述全書的組織，及各篇的大要，並評各家學術的得失。

四、淮南子的思想

淮南子，班固將它列於「雜家」。當時參加撰著的包羅了各種人才，而且「各以才智辯謀，出奇馳雋」，所以內容很雜，除了道家思想爲主之外，還採取儒、墨的優點，名、法的大要，陰陽、兵謀、神仙等家的學說，這裡僅就它主要的思想，作一簡介：

㈠道的觀念：淮南子集道家之大成。也就襲取了道家的哲學——道的觀念，以爲天地萬物都是從「道」產生的，原道訓說：「夫道者……，包裹天地，稟授無形。」是清靜柔弱，無爲虛無，無所不在，無所不成的。並且用水說明「道」：「天下之物，莫弱於水，功用卻最大，上爲雨露，下爲潤澤，萬物無水不生，百事無水不成。萬物因道而有其用，如「山以之高，淵以之深，獸以之走，鳥以之飛，日月以之明，星曆以行之。」又說：「太上之道，生萬物而不有，成化像而弗宰。」這自然是從老子的道爲天下母的思想產生出來。

㈡無爲的治術：在脩務訓、主術訓等篇中，他主張國君應該爲民憂勞，不過一個人的聰明不能遍照海內，應該結合天下人的智慧與力量，如此才能得到大衆眞正的擁護；國君要用無爲之術去處事，統一法度，委任臣下，督求成效，如此才能慮無失策，謀無過錯。要分層負責；如果凡事君上跟臣下爭著辦，在下爲著保持職位，就只會知道服從，往上推卸，而不肯用他的智能了。政令過繁，就會擾民，好比抱薪救火，越弄越糟；越簡單收效越大。聽人建議，應該不論地位，對的就加採納。法律是治國的準繩，在伸張公道，要杜絕循私，大家都要嚴守；有法律而不能實行，就跟沒法律一樣。至於用人，要各盡其能，猶如巧工制木，大小各得其宜。所以國君只要清靜無爲，總攬大權，責令臣下，各司其事，守法盡職，就夠了。這是調和了道家與法家的政治思想，頗合現代化的民治主義。

㈢無爲有爲與時應變說：淮南子所謂「無爲」，並非四體不動，思慮不用。脩務訓說：「夫地勢水東流，人必事焉，然後水潦得谷行；禾穀春生，人必加功焉，故五穀得遂長。聽其自流，待其自生，則鯀、禹之功不立，而后稷之智不用。」這是說人類要順應自然的情況去做事；這就是道家說的「無爲觀」；至於用火去烘乾井水，引淮水去灌溉山地，這全是運用人力做違背自然的事，是淮南子所不提倡的「有爲」。這種順應自然而不想改造自然的人生觀，比起現代想用人類的力量智慧，去發現自然法則、利用自然資源的想法，自爲落後之說。但是在「氾論訓」中也頗有一些積極進步的說法。譬如說聖人教人建屋蔽雨，機杼製衣，耒耜耕種，舟車致遠，鍛鐵作兵器，莫不是爲求利便備憂患而各盡了他們的智慧。並且倡說器械、法度必須隨著時代革新。齊俗訓說：「世異則事變，時移則俗異，故聖人論世而立法，隨時而舉事。」又氾論訓說：「故聖人法與時變，禮與俗化，衣服器械各便其用，法度制令各因其宜，故變古未足非，而循俗未足多也。」這都是法家變法的言論，也是道家「與時推移，應物變化」的學說。

㈣消極的生死觀：「俶眞訓」等篇對人的生死的看法，充滿悲觀的論調。認爲人「生而有形，死又淪於無形」。人生世上不過是萬物中的一物。生乃是服勞役，死了才算休息。故說：「大塊載我以形，勞我以生，逸我以老，休我以死。」又把人生在世看做一覺大夢，說：「夢爲飛鳥淵魚，不知其夢，覺而知其夢也；今將有大覺，然後知今此之爲大夢也。」又用「水凝爲冰，冰散爲水；孰知其苦樂？」譬喻人由生而死，當也無所謂苦與樂。明乎死生之分，則「貴賤之於身，猶條（迅）風之時麗也；毀譽之於己，猶蚊虻之一過也。」因此主張人要靜漠恬淡，和愉虛無有去嗜欲好憎，抑喜怒苦樂，修養自己的德性與精神，才能達到遺物與道同出的境界（說取精神訓等篇）。

㈤宇宙形成論：「天文訓」中對宇宙產生形成的程序，有一種很具體的說法，這是我國在這以前所沒有過的說法。現錄如下：「天墜未形，馮馮翼翼，洞洞灟灟（無形之貌），故曰太昭。道始於虛霩。虛霩生宇宙。宇宙生氣。氣有涯垠，清陽者薄靡而爲天，重濁者凝滯而爲地。清妙之合專易，重濁之凝竭難。故天先成，而地後定。天地之襲（合）精爲陰陽。陰陽之專精爲四時，四時之散精爲萬物。」精，氣也。可以看出漢人的宇宙觀。

㈥理想中的神仙生活：淮南子受神仙家的影響很大，所以有養神成仙的出世思想，如「大丈夫（要）恬然無思，澹然無慮，以天為蓋，以地為輿……乘雲陵霄，與造化者俱，令雨師灑道，使風伯掃塵……上游於霄霓之野，下出於無垠之門。」（原道訓）。「入火不焦，下水不濡。」（原道訓）。「出入無間，役使鬼神」（精神訓）。都是想成神仙超越自然的理想的生活境界。

㈦神道設教與天人感應的宗教觀：氾論訓對民間禁忌迷信的產生，有很通達的解釋。他說這些迷信禁忌，都是由於某些事情無法由官府立為禁條，所以借鬼神之威，託禨祥吉凶，為設立禁忌，以伸其教化。即「以神道設教」之意，這思想是由陰陽家來的。淮南子同時也接受了陰陽家的「天人感應」的理論。如天文訓說：「物類相動，本標相應」就是。認為人事與天道常常相通，萬物之間互相感應。如「法苛則蟲螟，殺不辜則國赤地」，「虎嘯而谷風至，龍舉而景雲屬」之類就是，反映了我國中古時代的宗教思想。

五、淮南子流傳後世的情形

淮南子總結我國古代思想的總賬。由於作者特別著重修辭，古字很多，又因年久文義變遷，傳寫錯誤，所以不容易讀懂；再加漢人推崇儒道，排斥百家；宋元以來，這部書也就不大流傳有名。到了清代子學昌明後，研究的人才逐漸加多，有陳昌齊的正誤，王念孫的雜志，劉臺拱的校補，聞益的雜識，俞樾的平議，王仁俊的揚搉，各抒所得，對吾人讀「淮南子」可說有相當的幫助。近人劉文典淮南鴻烈集解（商務印書館排印本），收羅清代學者的校注最完備，書後並附錄清人錢塘「淮南天文訓補注」二卷，是最値得參考的一個本子。

（原刊於民國六十二年八月中央月刊第五卷十期）

世說新語與其作者

一、作者的事蹟

劉義慶，彭城（今江蘇銅山）人，是道憐的第二子，生於晉安帝元興二年（西元四〇三）。出繼道規爲嗣。道憐，道規都是劉裕的弟弟，義熙十一年（四一五），襲封南郡公。十二年，十四歲，從劉裕北伐後秦姚泓。十三年，到過長安；回來之後，做輔國將軍、北青州刺史；未上任，調爲豫州刺史，督豫州諸軍；又兼督淮北諸軍。宋永初元年（四二〇）六月，劉裕受晉禪即位，是爲宋武帝，以弟道憐爲太尉，封長沙王，追封道規爲臨川王；由義慶襲封，徵爲侍中，時年十八。宋文帝元嘉元年（四二四）轉任散騎常侍，秘書監。又遷度支尚書，掌管貢賦租稅。又調遷丹陽尹，是當日首都的行政長官。六年兼尚書左僕射。八年辭去僕射，又以丹陽尹兼中書令，掌理全國的行政，進號前將軍。九年，出任荊州刺史，平西將軍，使持節都督荊、雍、益、寧、梁、南北秦七州諸軍。荊州治今湖北江陵，時爲上流的重地，地廣兵強，物資充足，佔朝廷的軍力一半，因爲義慶是皇族宗室，又得文帝信任，所以特別授此職務。

義慶為人謙虛廉潔，到任離職時，部屬們贈送禮物，一概不收。元嘉十二年，朝廷詔命各地官員舉薦才俊。義慶推薦了臨沮縣令庾實，徵奉朝請龔祈，處士師覺等人。

他薦庾實說：

「昔在母憂，毀瘠過禮；今罹父疚，泣血有聞。行成閨庭，孝著隣黨，足以敦化率民，齊教軌俗。」

薦龔祈說：

「恬和平簡，貞潔純素，潛居研志，耽情墳籍，亦足鎭息頹競，獎勗浮動。」

又薦師覺說：

「才學明敏，操介清修，業均井渫，志固冰霜。」

他所獎掖的是有德實學的人，認為用這類人，可以造成良俗。義慶很留心州政，能撫慰長老，在荊州八年，西土為之安定。

元嘉十六年（四三九）改授衛將軍，江州（治今江西九江）刺史，都督江州的西陽、晉熙、新蔡三郡諸軍事。十七年，為南兗州刺史，移鎭廣陵(今江蘇江都)，都督南兗州、徐、兗、青、冀、幽六州諸軍事。不久，特加寵禮，准他開建軍府，儀制與三公相同。他因病辭職還朝。元嘉二十一年（西元四四四）卒於京都，享年四十二歲，追贈侍中、司空，謚法康王。（事蹟附見宋書卷五十一宗室傳暨南史卷十三宋宗室及諸王傳之臨川烈武王道規傳後）。

二、劉義慶的著作

劉義慶性情簡素，少嗜寡欲，愛好文藝，曾招聚許多文學名士。像袁淑文冠當代，他在江州時，請淑出任衞軍諮議參軍；其他如陸展、何長瑜、鮑照等，都因爲文章寫得好，被聘爲幕僚。袁淑後來官至太尉。鮑照作的樂府詩，俊逸遒麗，爲元嘉名家。義慶自己作的文辭雖然不多，足爲劉宋宗室的代表作家。模倣班固的「典引」作「典敍」，述劉宋的美德豐功。另著有「義慶集」八卷、「徐州先賢傳」十卷，「江左名士傳」一卷，「集林」二百卷。「集林」是類同「昭明文選」的總集。最有名的卻是他據當日流行的小說體編撰的小說，有：「幽明錄」三十卷（已佚，遺文散見各書；周樹人「古小說鈎沈」上册輯有二六六則），「宣驗記」三十卷（已佚，「古小說鈎沈」下册輯有三十五則），「小說」十卷（已佚，與殷芸「小說」同名），「世說」八卷。「幽明錄」、「宣驗記」都是出入道釋思想的志怪小說。「幽明錄」大都寫道家的神鬼怪異，人物變化。「宣驗記」寫佛家的種種靈驗報冤，爲釋氏傳教的小說。義慶晚年信奉佛教，供奉沙門，所以有這類的作品。

「世說」敍兩漢、三國及兩晉的人物逸事瑣語的小說，是劉義慶幾部小說中最有名的一部，也是南北朝人寫得最成功的一部小說。

三、「世說」與「世說新語」的介紹

甲、書名的轉變

「世說」的書名，有幾種異稱，梁、陳間已有加「新書」二字，稱「世說新書」（見汪藻「世說敍錄」小注引陳顧野王語），唐又有稱「世說新語」（見劉知幾「史通」雜說中篇）。前人以爲在「漢書」藝文志儒家類著錄劉向所序六十七篇中，已有「世說」一書（見班固自注），因此增字來區別它們。趙宋以後，「世說新語」，才成定稱。

乙、產生的時代背景

漢、魏以來，士大夫特重人物的品題。後漢書許劭傳：「劭與靖好共覈論鄉黨人物，每月輒更其品題，故汝南俗有『月旦評』焉。」這種風氣，入晉不衰，江左尤盛。再加以魏、晉人崇尚清談，思想浪漫，舉止放狂，言語清妙，所以公私宴集，每常談論洛京往事，當代人物，正如「世說新語」中品藻篇所記：時人共論晉武帝出齊王與立惠帝的得失；劉丹陽與王長史在瓦官寺，共商略西朝及江左人物。當時就有人摭拾這些名流才士、梟雄豪傑的清言逸行，編寫成賞心悅目的小說。像文學篇記：謝安說他與諸人道江北事，袁宏（彥伯）用著「名士傳」。所以東晉哀帝隆和元年（三六二）裴啓作「語林」十卷（「古小說鉤沈」，輯有一百八十則），就是在這種背景下最早產生的一部軼事小說。繼之而作，有晉郭澄之的「郭子」三卷（「古小說鉤沈」，輯有八十四則），與宋劉義慶的「世說」八卷。「語林」嘗風行一時，但因記載謝安的話不眞實，被謝安否認，不能取信讀者，因此不再流行（詳見「世說新語」輕詆篇），到隋朝佚亡。「郭子」亦佚。只有「世說」最爲有名，比較完整的保存了下來。「世說」約有八九十條和裴所記相同，五六十條與郭所記相同。大概「世說」一部分文字是抄掇舊文；一部分是刪略舊史，專取美詞典言，足爲龜鏡者，一部分是彙集時人飲宴時的談資，流傳街巷間的瑣語改寫而成的。

丙、世說新語的內容

劉義慶的「世說新語」，雖說是記述兩漢至東晉的人物的軼聞逸事，但是在現在通行本所收的一千一百三十一條中，記東、西漢的不過二、三十則罷了，其他都是記魏、晉間事，記的最多的是東晉人物。短的數字片語，長的也不過七八行，就能將當時人物的言行風貌，情感思想，很生動清晰描寫勾畫了出來。今本分爲三十六篇。每篇爲一門，各種逸事佳語，各按其類，歸入各篇之中，加以臧否抑揚。現將各篇所寫的內容簡介如下：

1.德行：記可爲世範士則人物的言行。其中如荀巨伯當胡賊來犯時，不棄生病友人的義舉，和管寧、華歆因志趣不同而割席分坐，都是我們從小熟知的故事。

2.言語：魏晉自何晏、王衍之後，清談的風氣很盛。這篇專記那些名士執麈尾，談玄理、談山水、論人物、論學問時的佳言慧語，氣韻風度。

3.政事：寫施政處事的小節。如簡文爲相，處事很慢，桓溫常加勸勉之類。

4.文學：所記爲文章博學，但範圍較廣，可見他們的治學，如：服虔注春秋，王弼注老子，向秀、郭象注莊子；他們的論談範圍，有老莊、易象、禪理、夢境、詩文、子史、風土、人物，無所不談，以及他們劇談論辯的風氣，苦相折服的情形，才藻的花爛映發，態度的絕對客觀，以及他們作詩作文的軼事，如曹植的「七步詩」、左思寫「三都賦」，劉伶著「酒德頌」，習鑿齒作「漢晉春秋」，以及對詩文論評之語。

5.方正：記嚴正不偏事。如宗世林甚薄魏武的爲人，始終不與之相交之類是。

6.雅量：主要寫人從容的氣度，沈着的神色。如桓溫伏甲，欲誅謝安、王坦之；坦之恐懼形之於色，謝安神意不變，作「洛生咏」。寫謝安鎮靜的高度涵養，能從容不迫地應付危局。

7.識鑒：記鑑別人物的能力。如曹操小時見喬玄；玄謂操「實亂世之英雄，治世之姦賊」之類。

8.賞譽：專記賞識人的優美而稱譽之語之事。如陳仲舉賞歎曰：「若周子居者，眞治國之器，譬諸寶劍，則世之干將。」「山濤舉阮咸爲吏部郎目曰：「清眞寡欲，萬物不能移也。」共收有一五六則，數量甚多，尤可見前人不但是「人之彥聖，其心好之」，有「容人」的雅量，而且是「見賢能舉」，實能歎賞人的才藝。同時這些簡單賞譽的話，往往能很允當地概括出某人的長處。

9.品藻：記品題人物的級與類。這當然是承襲東漢人許劭喜歡月旦人物的風習。如諸葛瑾弟亮，及從弟誕，各在一國，時人以爲蜀得其龍，吳得其虎，魏得其狗是。

10.規箴：記規諫箴戒語。如京房之諫漢元帝用奸臣石顯、五鹿充宗事。

11.捷悟：寫人的悟性機變的敏捷。如楊脩的解釋「黃絹幼婦，外孫韲臼」八字爲「絕妙好辭」的事，比曹操快三十里。

12.夙惠：記名人的早慧故事。如晉明帝小時，有人從長安來。元帝因問：「長安何如日遠？」明帝答曰：「日遠，不聞人從日邊來。」明日，元帝集群臣宴會，又問之。乃答曰：「日近，舉目見日，不見長安。」

13.豪爽：寫人的豪邁雄爽。如王敦揚槌擊鼓，音節諧捷，神氣豪上，傍若無人。

14.容止：記儀容舉止。如：何晏面白如傅粉；嵇康身長七尺八寸，風姿特秀；王戎眼爛爛如巖下電；潘岳挾彈出洛陽道，婦人連手繞之；衞玠至下都，觀者如堵之類是。由此可見魏、晉人特重姿容舉止之美。

15.自新：記周處除三害，改過自新，戴淵的棄邪歸正，終成名臣將軍。

16.企羨：記仰慕名人，懷思舊事。如有人以王羲之與「蘭亭集序」比美石崇與「金谷詩序」；右軍甚有欣色。王導過江後，懷念昔在洛水與裴頠、阮瞻談道往事，不可再得。

17.傷逝：記哀悼死者的悲傷。如王戎喪兒，悲不自勝，說：「情之所鍾，正在我輩。」

18.棲逸：記避世隱逸者。如劉驎之隱於陽岐，不受徵聘。

19.賢媛：記賢淑的婦女，由秦末陳嬰、漢王明君、班婕妤，至晉韓康伯母殷氏，共三十二則。

20.術解：術謂特別的方技：解，通解、妙解。所記有：荀勖、阮咸的善解音律，王武子的能懂馬性，郭璞的會占塚解卦，桓溫的主簿善品酒，殷浩精診脈處方。

21.巧藝：記書畫奕棋騎射建屋之類。如顧愷之（長康）畫人不點眼睛，認爲傳神寫照，正在此中。

22.寵禮：記特別尊寵禮遇的事。如元帝引王導登御床；許玄度停都一月，劉惔無日不去看他。

23.任誕：即放蕩。由此篇可見魏、晉人的縱酒放誕、脫衣裸形，自傲風雅，出遊行歌，任性頹廢狂放、曠達浪漫的種種生活形貌。

24.簡傲：記對人簡慢事。如鍾會等人往見稽康；稽康仍槌鐵不輟，旁若無人，移時不與交一言是。

25.排調：專記俳諧調笑的話。如：干寶撰搜神記，劉眞長曰：「卿可謂鬼之董狐。」

26.輕詆：記對人稍加詆毀之言。如支道林評王子猷兄弟，爲「一羣白頸烏，但聞啞啞聲。」

27.假譎：記虛假譎詐事。如魏武行軍缺水，軍人皆渴，乃言：「有梅林，可以解渴。」士卒口皆生津。

28.黜免：記免官降職事。如殷仲文降職，快然失意是。

29.儉嗇：有和嶠、王戎、陶侃……等人節儉吝嗇的事。

30.汰侈：主要記石崇、王武子（濟）、王君夫（愷）過分奢侈的生活。如王武子用人乳養豘，王愷作紫絲步障，石崇與石愷鬥富等。

31.忿狷：記人忿怒急躁的性格。如：王藍田的食鷄子不得時急躁的情形。

32.讒險：記王國寶、王緒……之流的奸讒陰險事。

33.尤悔：記對人對己的過失而加以悔疚的事。如陸機因河橋兵敗，被誅，臨刑嘆曰：「欲聞華亭鶴唳，可復得乎？」深寄自己因貪戀權位，不早回故園華亭，故罹刑誅的悔恨。

34.紕漏：記因疏忽而出錯的事。如晉元帝初見賀循，因不知劭爲循父，竟對賀循談孫皓誅戮賀劭事。

35.惑溺：記迷惑昏亂、陷溺不悟的事。如荀粲（奉倩）與婦至篤，冬月婦病熱，自出中庭取冷，以身熨之；婦亡，不久亦卒。寫奉倩爲情所惑，自取短命。又如賈充女與韓壽相悅，做出踰牆偷香之類事都是。

36.仇隙：因仇恨而生嫌隙事。如孫秀恨石崇不將美妓綠珠給他，又恨潘岳從前對他無禮，後爲中書令，終收誅二人。

「世說新語」除上述三十六篇外，過去黃山谷本另錄有「直諫」、「姦佞」兩篇，爲三十八篇。顏氏、張氏二本，還有「邪諂」一篇。這三篇所記，皆正史中事而無注，且舛誤不可讀，故他本皆削而不取。（見汪藻世說敍錄）。

丁、世說新語的文學價值

劉義慶的「世說新語」，文字簡潔清麗，委婉含蓄，描寫魏晉人曠放浪漫的生活與思想，實在是機趣橫溢，深有情味，極耐細讀玩賞。周樹人說他「記言則玄遠冷俊，記行則高簡瑰奇，下至繆惑，亦資一笑。」我認爲這部軼事小說特別值得提出的有下列幾點：

1.「世說新語」是在魏晉南北朝駢文盛行的時代裏，劉義慶用簡淨精粹的散文來敍事記言，而獲得成功，而接近當時口語的一部作品；由此，可見魏晉人語言的風味。

2.「世說新語」所記的多是一兩句話，一兩件小事，劉義慶卻善於把握這些話，這些事，簡簡單單，勾畫幾筆，就能很動人地表現了這個人的性格或嗜好或情思或生活，使他們的妙語奇行，語氣神貌，一一躍然紙上。例如：

「桓公北征經金城，見前為琅邪時種柳，皆已十圍，慨然曰：『木猶如此，人何以堪！』攀枝執條，泫然流淚。」（言語）

「劉伶恒縱酒放達，或脫衣裸形在屋中。人見譏之。伶曰：『我以天地為棟宇，屋室為幝衣（子），諸君何為入我幝中？』」（任誕）

「王藍田（述）性急，嘗食雞子，以筯刺之，不得，便大怒，舉以擲地。雞子於地圓轉未止，仍下地以屐齒蹍之。又不得，瞋甚！復於地取內（納）口中，齧破即吐之。」（忿狷）

寥寥數語，即將桓溫北伐時重遊舊地，感慨今昔的心情；劉伶狂放曠達的思想；王藍田易怒急躁的性格，都寫了出來。

3.「世說新語」的品評人物，常用「皮裏陽秋」的手法。字面無所臧否，言外卻有褒貶。例如：

「管寧、華歆共園中鋤菜，見地有片金，管寧揮鋤與瓦石不異。華捉而擲去之。又嘗同席讀書，有乘軒冕過門者。寧讀如故，歆廢書出看。寧割席分坐曰：『子非吾友也。』」（德行）

這一則透過兩件小事，寫出管寧和華歆兩人，對金錢與權位的不同態度。華歆終是熱衷權勢中人物，非寧之倫的高潔君子。他對管、華兩人，未加一語品評，但在文字的微婉中，卻暗寓他的優劣看法。

4.「世說新語」對美麗風景的描寫，劉義慶能實錄魏晉人清雅風流的吐屬，而將清景遠趣、恰到好處描寫出來，使讀者讀之神醉。例如：

「簡文入華林園，顧謂左右曰：『會心處不必在遠，翳然林水，便自有濠、濮間想也。覺鳥獸禽魚，自來親人』」（言語）

「顧長康從會稽還。人問山川之美。顧云：『千巖競秀，萬壑爭流，草木蒙籠其上，若雲興霞蔚也。』」（言語）

「王子敬云：『從山陰道上行，山川自相映發，使人應接不暇。若秋冬之際，尤難爲懷。』」（言語）

都是令人百讀不厭，心賞不已的好文字。

戊、世說新語對後代的影響

「世說新語」所記的都是些流俗調謔，名士辯對，不但爲時人所悅，作爲談助。即對於後代也有相當的影響：

1.在史學上：唐朝人撰寫「晉書」列傳，多採錄「世說新語」的記載；細讀阮籍、劉伶、石崇、王祥、周處……等人的列傳，就可知道。使軼事小說跟歷史傳記產生了密切關係。但因有時所記過於瑣細猥雜，所以劉知幾在「史通」中屢加譏評，認爲後代的國史受此風氣影響，以致敍事爲煩，而無益風教。不過由於兩晉人的言談風流，史臣記時人的口語，無需費功修飾，即自然佳妙。

2.在小說上：「世說新語」是模倣東晉裴啓的「語林」而來，刊行後，甚受世俗所歡迎，劉知幾所謂「讀之解頤，聞之撫掌」；因此，這種小說續作很多，像梁沈約的「俗說」，顧協的「瑣語」，隋侯白的「啓顏錄」，也都是這一類名作。後代模倣而取名「世說」的，有唐劉肅的「唐世說新語」，李垕的「南北史續世說」，王方慶的「續世說新書」，宋孔平仲的「續世說」，明李紹文的「皇明世說新語」，清章撫功的「漢世說」，李清的「女世說」，顏從喬的「僧世說」，王晫的「今世說」，現今還有易宗夔作的「新世說」。其他模倣「世說」，不稱「世說」的小說，歷代皆有。

己、世說新語的流傳與版本

劉義慶「世說」八卷（見隋志、唐志子部小說家類。「南史」義慶傳作十卷）。流行很早，劉宋時就有陳扶本面世，梁有激東卿本。爲它作注的，有敬胤、「一本注」、劉孝標三家。敬胤，宋、齊間人；宋本「世說」附「考異」五十一事中，有注二十多頁，可推見其大概。「一本注」者，見文學篇「魏朝封晉文王爲公」一條，劉孝標注所引見。義慶元本八卷，劉孝標注之爲十卷。

劉孝標（四六二——五二一），名峻，以字行世，梁天監初爲荊州戶曹參軍（見「梁書」文學傳）。孝標注「世說」，援引漢、魏、吳諸史，子傳地理及晉代史傳譜錄文章，達四百多種，典贍廣博，簡要謹嚴，糾正義慶的紕繆，尤爲精核，所引諸書多出正史外，今多已佚亡，賴此以傳，特爲人所珍重（取高似孫「緯略」，「四庫全書總目提要」卷一百四十）。

「世說新語」因爲人所愛讀，後代刻本甚多，尤盛於宋，知名文人如晁迴（文元）、錢惟演（文僖）、晏殊（元獻）、王欽臣（仲至）、黃山谷（魯直）、陸游（放翁）等人，均有校刊本。汪藻（彥章）爲「敍錄」二卷，首爲「考異」，繼列「人物世譜」，末記「書目」（書目已佚）。由此可見宋人喜讀「世說」之一般。明王世貞（元美）以「世說新語」合何良俊「語林」爲「世說新語補」；張文柱爲注，對原文舊注，刪削很多。「世說新語補」盛行之後，「世說」原本，傳者漸少（見清道光周心如「紛欣閣題識」）。清人視「世說」爲小道，流傳不太廣。入民國來，散文小品，爲時所尚，箋疏研究者日多，有余嘉錫箋疏，程炎震箋證，劉盼遂、沈劍知、楊勇三家校箋，賀昌羣、周一良、陳直三家札記，趙岡作「劉注考」，張舜徽作「世說新語注釋例」等問世。坊間重刻本也漸多。

今日可見的「世說新語」的版本，有八卷、三卷、六卷等三種，均有劉孝標注，①八卷有宋劉應登原刊，宋元間坊肆增刊評語本。宋劉辰翁批點本。明王世懋批點，明凌瀛初刊本。②三卷有明袁嘉趣堂本。明太倉曹氏重刻袁　本。明周氏博古堂本。清周心如紛欣閣本。四部叢刊影印明袁褧仿宋本。王先謙校刻本。③六卷有明吳勉學校刊本，明吳中珩校刊本。上述這些都是「善本」。這三種中，以「三卷」最爲流行，次爲「六卷」。

（原刊於民國六十二年十二月中央月刊第六卷二期）

鮑照評傳

鮑照，字明遠，東海（江蘇漣水縣北）人，家居建康（今南京）。大概生於晉安帝義熙八年（四一二）前後。出身寒家，仕途並不得志。二十歲作行路難十九首（今存十八首）。宋文帝元嘉十六年（四三九），獻詩臨川王義慶；人勸他說：「郎位尚卑，不可輕忤大王。」他勃然說：「千載上有英才異士，沉沒而不聞者，安可數哉？大丈夫豈可遂蘊智能，使蘭艾不辨，終日碌碌，與燕雀相隨乎？」於是奏詩。義慶賜帛擢爲國侍郎，甚見知賞。義慶移鎭江州（江西九江）。他在江州，登廬山、香爐峰等勝區，作詩誌之。臨川王起凌烟樓，他又作有凌烟樓銘。十七年十月，義慶爲南兗州刺史，鎭京口（江蘇丹徒），他隨著還都，省家，然後前往京口。二十一年（四四四）正月，義慶薨；他上書世子，自解侍郎。以後又爲始興王濬侍郎。二十四年二月，河濟俱清，上河清頌，其敍甚工。宋孝武帝初（四五四），除海虞（今江蘇常熟縣東）令。遷太學博士，兼中書舍人。以時主自高多忌，照爲文章不敢盡他才思，當時都說他才盡，實在不然。出爲秣陵（今江蘇江寧）令，又轉永嘉令。大明五年（四六一）除前軍行參軍，侍臨海王子頊，鎭荊州（湖北江陵），掌書記之任，後遂稱鮑參軍。宋明帝泰始二年（四六六）正月，晉安王子勛聯子頊抗命。八月兵敗，荊州治中宋景、土人姚儉等勒兵掠城，照爲景所殺，時年五十餘。

鮑照遇難，作品流散，賴齊散騎侍郎虞炎博采編輯爲鮑參軍集十卷（四部叢刊影毛斧季校宋本、清嘉道間揚州刊本），清有錢振倫注文二卷詩四卷本，後詩又有黃節補注四卷。鮑照的詩篇今存二百零四首，包括樂府八十六首，徒詩一百十八首；徒詩全爲五言體，樂府有五言、七言及雜言。

鮑照和謝靈運、顏延之同時，都以詩名世，稱爲「元嘉三大家」。他和謝靈運各有它特色，而遠超延之。鍾嶸詩品，評他說：

「宋參軍鮑照，其源出于二張，善製形狀寫物之詞，得（張協）景陽之淑詭，含（張華）茂先之靡嫚，骨節強于謝混，驅邁疾于顏延；總四家而擅美，跨兩代而孤出。嗟其才秀人微，故取湮當代。然貴尚巧似，不避危仄，頗傷清雅之調，故言險俗者，多以附照。」

鍾嶸的批評大部份是很確當的。淑詭，就是軼蕩俊逸；杜甫所說「俊逸鮑參軍。」如「疾風衝塞起，沙礫自飛揚。馬毛縮如蝟，角弓不可張。」寫出邊塞之狀，語又峻健（朱子語類）。靡嫚，就是綺豔傷情。南齊書文學傳論：「雕藻淫豔，傾炫心魂，亦猶五色之有紅紫，八音之有鄭衞，斯鮑照之遺烈也。」許學夷詩源辨體所舉，如「歸華先委露，別葉早辭風。」「蜀琴抽白雪，郢曲發陽春。」「珠簾無隔露，羅幌不勝風。」「揚芬紫煙上，垂綵綠雲中。」可見鮑照的豔詞不少；後人只注意他的俊偉的詞氣，卻忽略這些「雕藻淫豔」的麗句。至於他的詩風的雄渾豪邁，僅盛唐的李白可趕得上。杜少陵簡薛華醉歌云：「近來海內爲長句，汝與山東李白好；何劉沈謝力未工，才兼鮑照愁絕倒。」陳繹曾說：「六朝文氣衰緩，唯劉越石、鮑明遠有西漢氣骨。」（詩譜）。陳祚明說：「鮑參軍詩，如驚潮怒飛，廻瀾倒激。」（評選）。劉熙載也說：「『孤蓬自振，驚沙坐飛』，此鮑明遠賦句也；若移以評明遠之詩，頗復相似。」敖器之也說：「鮑明遠如飢鷹獨出，奇嶠無前。」（敖陶孫詩評）。鮑照許多作品是「慷慨任氣，磊落使才」寫成的，像行路難這些作品，無一首不挺拔壯麗豪放；謝混、顏延的詩，誠不能和「發唱驚挺，操調險急」的鮑照相比。這可以說明他的詩歌風格與成就。現將他的作品，分樂府和徒詩兩方面來討論：

(1)樂府：鮑照的詩，寫得最好的是樂府；樂府中七言尤其寫得好。在鮑照的樂府詩中七言及雜言，有三十首左右，其餘五十幾首爲五言體。七言詩，自從曹丕寫了燕歌行後，就成了絕響，到了鮑照才能運用自如，走上了發展的路子。他運用五七言長短句，民歌的情調，傾吐他的情思，成爲樂府詩的名家。鍾惺說：「鮑參軍靈心妙舌，樂府第一手。」又說：「鮑照能以古詩聲格作樂府，以五言性情入七言，別有奇響異趣。」（古詩歸卷十二）。王夫之說：「明遠樂府自是七言至極。」（古詩評選卷一）。沈德潛也說：「明遠樂府，如五丁鑿山，開人世所未有。後太白往往效之。」（古詩源卷十一）。如他的擬行路難十八首，淋漓豪邁，議論痛快，實在是不可多得新嘗試的好詩，超出元嘉詩歌寫作的範疇。如：

「奉君金卮之美酒，瑇瑁玉匣之雕琴，七綵芙蓉之羽帳，九華蒲萄之錦衾。紅顏零落歲將暮，

寒光宛轉時欲沈。願君裁悲且減思，聽我抵節行路吟。不見柏梁銅雀上，寧聞古時清吹音！」㈠

「瀉水置平地，各自東西南北流。人生亦有命，安能行歎復坐愁！酌酒以自寬，舉杯斷絕歌路難。心非木石豈無感？吞聲躑躅不敢言！」㈣

「君不見河邊草，冬時枯死春滿道。君不見城上日，今暝沒盡去，明朝復更出。今我何時當得然，一去永滅入黃泉。人生苦多歡樂少，意氣敷腴在盛年。且願得志數相就，牀頭恒有沽酒錢。功名竹帛非我事，存亡貴賤付皇天。」㈤

「對案不能食，拔劍擊柱長歎息。丈夫生世會幾時，安能蹀躞垂羽翼？棄置罷官去，還家自休息。朝出與親辭，暮還在親側。弄兒牀前戲，看婦機中織。自古聖賢盡貧賤，何況我輩孤且直！」㈥

「君不見少壯從軍去，白首流離不得還。故鄉窅窅日夜隔，音塵斷絕阻河關。朔風蕭條白雲飛，胡笳哀急邊氣寒。聽此愁人兮奈何！登山遠望得留顏。將死胡馬跡，能見妻子難。男兒生世轗軻欲何道！綿憂摧抑起長歎。」㈣

「諸君莫歎貧，富貴不由人。丈夫四十彊而仕，余當二十弱冠辰。莫言草木委冬雪，會應蘇息遇陽春。對酒敍長篇，窮途運命委皇天。但願樽中九醞滿，莫惜牀頭百個錢。直須優游卒一歲，何勞辛苦事百年。」㈩

樂府解題說：「行路難，備言世路艱難及離別悲傷之意，多以『君不見』爲首。」陳武別傳說：「武常牧羊，諸家牧豎有知歌謠者，武遂學行路難。」陳武，東漢建安時人，則所起亦遠矣。鮑照擬行路難共十九首（今存十八首），如「心非木石豈無感？呑聲躑躅不敢言！」「自古聖賢皆貧賤，何況我輩孤且直！」「男兒生世轗軻欲何道，綿憂摧抑起長歎！」大多抒寫他對人生與當時社會的感憤及不平。第一首好像序詩，在歲暮酣飲高歌，說：「願君裁悲且減思，聽我抵節行路吟」。而末篇又說：「對酒敍長篇」，那麼十八首當是一組樂歌。由於結篇說：「丈夫四十彊而仕，余當二十弱冠辰。」這些行路難當作於他青年時期，或哀人生短暫，或歎愛情易變，或勸人安於貧賤，或言貴賤有命，或抒罷官之樂，或傷富貴無常，或哀寄時事，或悲從軍遠役，……最後作勸人曠達之語，說：「莫言草木委冬雪，會應蘇息遇陽春」，第應飲酒行樂，優游卒歲吧！許顗說：「明遠行路難壯麗豪放，後詩中不可比擬，大似賈誼過秦論。」（許彥周詩話）。王夫之說：「看明遠樂府，若急切覓佳處，則已失之；吟詠往來，覺蓬勃如春烟，瀰漫如秋水，溢目盈心，斯得之矣。」岑參、李白正從此入，而得他沈響驚奇的詩筆。其他如代東門行、代放歌行等作，也是前無古人的名篇：

「傷禽惡弦驚，倦客惡離聲。離聲斷客情，賓御皆涕零。涕零心斷絕，將去復還訣。一息不相知，何況異鄉別。遙遙征駕遠，杳杳白日晚。居人掩閨臥，行子夜中飯。野風吹草木，行子心腸斷。食梅常苦酸，衣葛常苦寒。絲竹徒滿坐，憂人不解顏。長歌欲自慰，彌起長恨端。」（代東門行）

註：戰國策楚策：「更嬴與魏王處京臺之下，仰見飛鳥。更嬴謂魏王曰：『臣爲君引弓虛發而下鳥。』有間，雁從東方來；更嬴以虛發而下之。更嬴曰：『此孽也。其飛徐而鳴悲。飛徐者，故創痛也；鳴悲者，久失羣也。故創未息而驚心未去也，聞絃者音烈而高飛，故創隕也。』」

這首爲傷別之作。「食梅常苦酸，衣葛常苦寒」二句，喻其憂苦自知。離鄉客遊的悲傷，實非聲樂所能寬解沖淡，即長歌亦無法自慰，徒增悲恨而已。

「蓼蟲避葵堇，習苦不言非；小人自齷齪，安知曠士懷？鷄鳴洛城裏，禁門平旦開，冠蓋縱橫至，車騎四方來。素帶曳長飇，華纓結遠埃。日中安能止？鐘鳴猶未歸。夷世不可逢，賢君信愛才，明慮自天斷，不受外嫌猜。一言分珪爵，片善辭草萊。豈伊白璧賜，將起黃金臺。今君有何疾，臨路獨遲迴？」（代放歌行）

宋文帝元嘉二十一年（四四四）正月，臨川王義慶薨；鮑照上書世子，自解侍郎，說：「尸素累載，腹心之愧，寤寐爲憂；今請解所職，願蒙矜許。」他又有「侍郎報滿辭閣疏」。此詩或作於這時。起說蓼蟲避味甜的葵堇，由於蓼蟲安於吃苦，所以不說堇葉不甜；可是小人所見齷齪，不理解曠士這種安貧處窮的懷抱。次說達官遠從四方來京，風塵僕僕，到處奔競；大家都以爲當今是難逢的盛世，賢主愛才，士有一言之美，片善可取，必分授珪爵，使離開草野。只要言行能合人主意，豈止賞賜白璧而已，且將起黃金臺接待他。結以人問君子說：「君今有何所患，獨遲迴而不前？」朱乾說：「此疑元嘉中，彭城王義康爲司徒專政；明遠知其必敗，獨遲迴不進也。」又如梅花落：

「中庭雜樹多，偏爲梅咨嗟。『問君何獨然？』『念其霜中能作花，露中能作實。搖蕩春風媚
春日，念爾零落逐寒風，徒有霜華無霜質！」

梅花落，漢橫吹曲。朱乾說：「梅花落，春和之候，軍士感物懷歸，故以爲歌。此詩雖佳，無涉於軍樂。」這首藉梅花以讚美堅貞正直之士，藉雜樹以譏諷無節操之人。咨嗟，讚歎。此詩藉雜樹與作者的問答語寫成，格法甚奇。「念其」五句，爲作者答雜樹語，意謂梅花能在霜露中開花作實，有不畏劣境的高貴品質；你們雜樹卻不然，只能搖蕩春風，取媚春日，但寒風一來就要隨風飄零，可說徒有美麗的外表，沒有堅貞的操守。這首詩的好處在自然，比喩洽當。又如代出自薊北門行：

「羽檄起邊亭，烽火入咸陽，徵騎屯廣武，分兵救朔方。嚴秋筋竿勁，虜陣精且彊；天子按劍怒，使者遙相望。雁行緣石徑，魚貫度飛梁，簫鼓流漢思，旌甲被胡霜。疾風衝塞起，沙礫自飄揚。馬毛縮如蝟，角弓不可張。時危見臣節，世亂識忠良，投軀報明主，身死爲國殤。」

朱乾樂府正義說：「『出自薊北門』，本曹植豔歌行，與從軍無涉。自鮑照借言燕薊風物及征戰辛苦，竟不知此題爲『豔歌』矣。蓋樂府有轉有借：轉者就舊題而轉出新意；借者借前題而裁以己意。」此亦轉借舊題而創新意的作品。薊，故燕國，今北平一帶。這首詩寫北方發生邊警，朝廷徵兵禦敵。筋竿，謂弓箭。「嚴秋」四句，爲峻健有力的好句，寫胡軍雖然強大；可是漢天子聞警震怒，使使督軍前進。張雲璈選學膠言說：「按史記大宛傳：『貳師將軍請罷兵，天子大怒，使使遮玉門曰：『軍有敢入，輒斬之。』詩意用此。」「雁行」以下，寫征人列陣而進，及初到邊塞的心情與所見的景物，

雖「馬毛縮如蝟，角弓不可張」，然壯士寧為國戰死。全篇寫來氣極豪宕抗壯。「時危見臣節，世亂識忠良」，已成為流行的成語。又如代東武吟：

「主人且勿諠，賤子歌一言：僕本寒鄉士，出身蒙漢恩。始隨張校尉，召募到河源；後逐李輕車，追虜出塞垣。密塗亙萬里，寧歲猶七奔。肌力盡鞍甲，心思歷涼溫。將軍既下世，部曲亦罕存。時事一朝異，孤績誰復論？少壯辭家去，窮老還入門；腰鐮刈葵藿，倚杖牧雞㹠。昔如鞲上鷹，今似檻中猿。徒結千載恨，空負百年怨。棄席思君幄，疲馬戀君軒。願垂晉主惠，不愧田子魂。」

東武，齊之土風（左思齊都賦注）。這篇擬漢代一個老軍人自述的口氣寫成，敘述他早年從軍出征的勞苦，後來因將軍過世，也就無人論及他的功績，以及因年老無用而退役回鄉生產的心境，希望國家應該垂恩，不要虧待這些有功的老軍。張校尉，指張騫；張騫以校尉從大將軍擊匈奴。李輕車，指李蔡；李蔡嘗為輕車將軍，擊右賢王。朱熹說：「如『腰鐮刈葵藿，倚杖牧雞㹠』，分明說出個倔強不肯甘心之意。」「棄席思君幄，疲馬戀君軒」二句，言已窮老還鄉，猶同棄席疲馬。韓非子外儲說：「晉文公至河令曰：『籩豆捐之，席蓐捐之，手足胼胝面目黧黑者後之。』咎犯聞之而夜哭，曰：『籩豆所以食也，而君捐之；席蓐所以臥也，而君棄之；手足胼胝，面目黧黑，有勞功者也，而君後之。今臣與在後中，不勝其哀，故哭之。』文公乃止。」韓詩外傳：「昔田子方出，見老馬於道，問於御者曰：『此何馬也？』御曰：『故公家畜也，罷而不用，故出放之。』田子方曰：『少盡其力而老棄其身，仁者不爲也。』東帛而贖之。」爲老軍訴不平，甚爲感人。又如代春日行：

「獻歲發，吾將行。春山茂，春日明，園中鳥 多嘉聲，梅始發，柳始青。汎舟艫，齊櫂驚，奏採菱，歌鹿鳴，風微起，波微生，絃亦發，酒亦傾。入蓮池，折桂枝，芳袖動，芬葉披。兩相思，兩不知。」

這篇寫春天青年男女郊遊嬉戲的情景。用三言體，調甚輕快。張玉穀說：「前十六（句），半寫春日陸遊之樂，半寫春日水遊之樂，皆就男邊說。『入蓮』四句，則就女邊說，亦兼水陸，卻即夏秋寫景。後二（句）總收，醒出篇旨。聲情何等駘宕。」鮑照以樂府詩著稱，史稱他所作「古樂府，文甚遒麗」，在這些樂府詩中，可以看出他才情縱橫，文字變化百出，可以任意發揮，極盡雄邁沈摯的情辭，唐名家高適、岑參、李白都深受他的影響。

(2)徒詩：鮑照的徒詩全屬五言體。前代批評家認爲他的五古，沈至深秀，和謝靈運一樣的講究雕琢，但不及謝詩的自然，而失之重澀（說取鍾惺古詩歸卷十二、王夫之古詩評選卷五及沈德潛古詩源卷十一），成就自不如樂府。他的五古寫得比較好的是擬古和詠史，詠懷、贈答、行旅、遊覽、應詔也有些可觀的作品，至於數名詩、建除詩、字謎詩、聯句詩都是一些遊戲無聊的筆墨了。鮑照的擬古類作品很多，有擬古詩八首、紹古辭七首，學古、古辭、擬青青陵上柏、擬阮公夜中不能寐、學陶彭澤體各一首，學劉公幹體五首，共二十五首。在樂府中，他也多是擬古調而作，故題多作「代」，如「代東門行」，代猶「擬」也。由此，可見他很喜歡模擬古人的作品。其實，他這些擬古，多用以述懷言情，可說借古人的酒杯，澆自己的壘塊了。例如擬古：

「十五諷詩書，篇翰靡不通。弱冠參多士，飛步遊秦宮。側覩君子論，預見古人風。兩說窮舌端，五車摧筆鋒。羞當白璧貺，耻受聊城功。晚節從世務，乘障遠和戎。解佩襲犀渠，卷袠奉盧弓。始願力不及，安知今所終！」㈡

這首寫自己早年嫻熟詩書，工於文辭，口才辯捷，有如魯仲連能使對方舌端爲結；學識淵博，著論犀利，能摧折文士的筆鋒。但到了晚年，只好參預世務，鎮守邊疆，以和鄰邦。棄文就武，雖非始願，時勢不獲已；今爲武士，亦未知其終竟。隱寓時人的輕文重武。兩說，用魯仲連說新垣衍及下聊城二事（事見史記魯仲連鄒陽列傳）。犀渠，犀甲。袠，書衣。

「束薪幽篁裏，刈黍寒澗陰。朔風傷我肌，號鳥驚思心。歲暮井賦訖，程課相追尋。田租送函谷，獸藁輸上林。河渭冰未開，關隴雪正深。笞擊官有罰，呵辱吏見侵。不謂乘軒意，伏櫪還至今。」㈥

寫捆柴割麥的困苦生活，以及捐稅苛雜，深冬輸送租稅的艱難，稍遲即受笞罰呵辱，結以自己雖有出仕之壯志，然至今還未能實現的感慨。他侍郎報滿辭閤疏：「本應守業，墾畛剿芿，牧雞圈豕，以給征賦；而幼性狷狂，因頑慕勇，釋擔受書，廢耕學文。」這首詩所寫的種種困苦生活，也是他曾親身體驗過的生活；同樣由這首詩也反映了當日一般人民的疾苦。陳胤倩說：「固是實事，眞至。此等最爲少陵所慕。」方植之評說：「詩之警妙，皆杜、韓所取則，亦開柳州。」

「河畔草未黃，胡雁已矯翼。秋蛩扶戶吟，寒婦成夜織。去歲征人還，流傳舊相識。聞君上隴時，東望久歎息。宿昔改衣帶，朝旦異容色。念此憂如何，夜長愁更多。明鏡塵匣中，瑤琴生網羅。」(七)

此擬思婦之情。寫思婦夜織時，追憶去歲其他出征的人回來，傳說她的丈夫登上隴山，東望家鄉，懷念歎息。「宿昔改衣帶，朝旦異容色」，寫她想像丈夫因懷鄉而消瘦憔悴的情境。「念此」二句，寫自己也因此懷憂，不能成眠，而結於自己也無心梳妝撫琴，而致塵封鏡匣，網結瑤琴了。陳胤倩說：「寫情曲折。本言思婦，偏道夫君，又從流傳口中序出，何其紆縈。」由此，也可見他「靡麗傷情」的一面，這跟張華「兒女情多」的作風相近。又如學劉公幹體：

「胡風吹朔雪，千里度龍山。集君瑤臺上，飛舞兩楹前。茲晨自爲美，當避豔陽天。豔陽桃李節，皎潔不成妍。」(三)

劉楨字公幹，建安七子之一。黃節注：「公幹贈從弟詩：『鳳皇集南嶽，徘徊孤竹根。於心有不厭，奮翅凌紫氛。豈不常勤苦？羞與黃雀羣。何時當來儀？將須聖明君。』明遠此篇取喩，及其結體，蓋學之。」雪喩君子，桃李喩小人，喩世風澆薄、小人得勢的時候，潔操正直的君子，就無法取容於世了。劉坦之說：「詞雖簡短，而託意微婉。」舊說以雪比小人，桃李比君子，非也。

鮑照詠史詩很少，僅詠史、蜀四賢詠等。今錄詠史一首如下：

「五都矜財雄，三川養聲利。百金不市死，明經有高位。京城十二衢，飛甍各鱗次。仕子彯華纓，遊客竦輕轡。明星晨未稀，軒蓋已雲至。賓御紛颯沓，鞍馬光照地。寒暑在一時，繁華及春媚。君平獨寂寞，身世兩相棄。」

漢書：「蜀有嚴君平，卜於成都市，日閱數十，得百錢足自養，則閉肆下簾，而授老子。」劉坦之說：「此篇本指時事，而託以詠史。故言漢時五都之地，皆尙富豪；三川之人，多好名利。或明經而出仕，或懷金而來遊，莫不一時駢集於京城，而其服飾車徒之盛如此。譬則四時，寒暑各異；而今日繁華，正如春陽之明媚。當是時惟君平之在成都，修身自保，不以富貴累其心，故獨窮居寂寞。身既棄世而不仕，世亦棄君平而不任也。然此豈亦明遠退處既久，而因以自況歟？」方虛谷說：「明遠多爲不得志之辭，憫夫寒士下僚之不達，而惡夫逐物奔利者之苟賤無恥，每篇必致意於斯。唐以來詩人多有此體，李白、陳子昂集中可考。」李太白詩，衍爲「君平既棄世，世亦棄君平。」

鮑照的詠懷、寫景、行旅、遊覽的詩不少，寫的比較好的，如翫月城西門廨中：

「始出西南樓，纖纖如玉鉤；末映東北墀，娟娟似娥眉。娥眉蔽珠櫳，玉鉤隔瑣窗。三五二八時，千里與君同。夜移衡漢落，徘徊入戶中。歸華先委露，別葉早辭風。客遊厭苦辛，仕子倦風塵。休澣自公日，宴慰及私辰。蜀琴抽白雪，郢曲發陽春。看乾酒未闋，金壺起夕淪。迴軒駐輕蓋，留酌待情人。」

吳伯其說：「首六句，乃追述未望以前之月，光猶未滿，不能照遠；及十五六夜，月滿矣，無處不照；故曰：『千里與君同』。君指何人，即結語『情人』是也。」花落向本，故曰歸華；葉下離枝，故云別葉。白雪。陽春，均古名曲。這首寫由玩賞月色，而勾起倦遊思友的感觸，寫月影極美。「歸華先委露，別葉早辭風」，都是極清新美麗的詩句。「蜀琴抽白雪，郢曲發陽春」，都是極奇特詼詭的用法。又如行京口至竹里：

「高柯危且竦，鋒石橫復仄。複澗隱松聲，重崖伏雲色。冰閉寒方壯，風動鳥傾翼。折志逢凋嚴，孤遊值曛逼。兼途無憩鞍，半菽不遑食。君子樹令名，細人效命力。不見長河水，清濁俱不息。」

宋文帝元嘉十七年（四四〇）十月，臨川王義慶爲南兗州刺史，自潯陽移鎭京口；鮑照隨之還京，省家，道出京口。這首詩當作於這時。其中寫景部份，「語語蒼勁；末四句古質，有漢人之遺風」（取陳胤倩說）。竹里山，元和志：「在句容縣北六十里，塗甚傾險，行者號爲『翻車峴』。山間有長澗，高下深阻。」通志：「六朝時，京口至建康，皆取道於此。」

鮑照前後曾在臨川王義慶、始興王濬、臨海王子頊的幕下；這三王屬下英才羣集，多有文士，爲他的同僚；孝武帝時，又曾在朝廷任職，認識人當亦不少，所以集中詩句唱和贈別，也就不少，有與王僧達、王僧綽、王延秀、荀萬秋、庾中郎、傅都曹、傅大農、盛侍郎、休上人、張使君、伍侍郎、李居士、馬子喬諸人贈答的詩什。今舉日落望江贈荀丞：

「旅人乏愉樂，薄暮增思深。日落嶺雲歸，延頸望江陰。亂流瀄大壑，長霧匝高林。林際無窮極，雲邊不可尋。惟見獨飛鳥，千里一揚音。推其感物情，則知遊子心。君居帝京內，高會日揮金；豈念慕羣客？咨嗟戀景沈。」

這首似就荀方得意，豈念舊交而作。旅人，蓋自指也。由獨飛鳥，寄託自己遠遊的寂寞孤獨的心情。慕羣，亦用以自指。詩意本很直率，但寫得聲態落落，感人甚深。又如贈傅都曹別：

「輕鴻戲江潭，孤雁集洲沚；邂逅兩相親，緣念共無已。風雨好東西，一隔頓萬里。追憶棲宿時，聲容滿心耳。落日川渚寒，愁雲繞天起。短翮不能翔，徘徊煙霧裏。」

傅都曹，舊注爲傅亮，嘗爲桓謙中軍參軍，劉毅撫軍記室參軍。此說待考。輕鴻，喻傅；孤雁，自喻。通首比體，由鴻雁不期相遇，成爲至友；今隨風雨，各自東西。追念昔時同遊，日日相見，所以說：「聲容滿心耳。」今日送別，我因翮短不能隨君遠飛，只好徘徊暮煙裏。全篇純用鴻雁作比，格調甚爲高古。

（原刊於民國六十一年六月國立臺灣師範大學「國文學報」第一期）

南宗畫祖王維

唐代的文學與藝術，在中國文化發展的過程中，曾放射著極燦爛的光華。不但律絕的近體詩成了千古的絕唱，就是藝術上的彫塑、建築、書法、繪畫，也都呈現著瓌瑋的異采，尤以繪畫最爲美盛。這時候，無論畫人物、山水，畫花鳥蜂蝶雀蟬，都比前代進步。而歷史上大畫家，如：閻讓、吳道玄、李思訓、王維、鄭虔、畢宏、邊鸞、張璪、王洽都是生於這時代。我們可以想像到「傑作綴滿了藝苑，巨匠寫盡了墨林」宏麗的歷史的夢。現就南宗山水畫之祖——王維的事蹟與作品，作一綜合性的報導。

一、在畫史上的地位

王維，字摩詰，山西太原祁縣人，父名處廉，遷家於蒲（今山西、永濟縣），遂爲河東人。於唐中宗嗣聖十八年（西元七〇一）生。他小時候，就是會作詩畫畫的天才者。詩歌方面，他喜歡描寫田園景色和生活，空靈恬淡，氣韻悠長，後人稱爲繼東晉陶潛後的「田園詩大家」。繪畫方面，蘇東坡說他：「畫中有詩。」可見他的畫也充滿著詩意，是一首首清逸宛麗的詩。他起先學吳道玄（道子）

的畫法，後來形成他自己新穎特出的風致。同時，在山水畫方面他倡導水墨渲淡的畫法，和當時畫壇領袖李思訓（西元六五一——七一六）對抗。

盛唐之世，正是李思訓父子代表古典畫派極盛時代。這一派，沿襲著傳統的重描線敷色的畫法。注重鉤勒（用墨鉤畫輪廓），筆法細緻，格律嚴整，同時色彩濃重，山水都塗著青綠顏色，峯巖間界畫金碧界線，呈現著炫爛繁茂富麗淫靡的氣息。到王維崛起，屏除了這種氣習，崇尚超脫秀逸，與起寄自然寫情之畫風。與盧鴻、鄭虔作蕭疏清淡的水墨畫。不施色彩，不重鉤勒，專以水墨色的濃淡淺深，以及用墨的枯濕，渲淡染擦，表現出畫的陰陽向背，遠近高下的畫境。呈現著冲澹高雅宛麗的氣韻，爲當時人所推崇，後人稱爲南宗山水畫之祖。和北宗山水畫之祖李思訓，成爲我國山水畫兩大派。一千二百餘年來，這兩派一直爲畫壇上主流。

二、壁畫

唐朝壁畫，頗爲盛行。皇家宮殿，貴族廳堂，寺觀廂廊牆壁上，盛行彩飾，繪著人物、故事、山水之類壁畫。王維自二十一歲，就是玄宗開元九年（七二一），進士及第後，就以詩文書畫馳名長安，爲公卿豪貴所器重，寧王、薛王、待他如師友。開元、天寶間，畫名尤盛。和鄭虔、畢宏、吳道子齊名，同爲裝飾畫名家。他自製詩曾說：「當世謬詞客，前身應畫師，不能捨餘習，偶被時人知。」當時他到處被人請去裝飾壁畫。貴族人家的壁畫，多由他設計指揮工人布色。也常常爲寺觀裝飾壁畫。

他和鄭虔、畢宏在慈恩寺大殿東廊各畫一壁，時稱「三絕」。又在長安石甕寺紅樓上畫兩壁「山水」，也是不朽作品。唐宣宗時書法家鄭嵎作「津陽門詩」，當紀念他這次繪事說：「烟中壁碎摩詰畫，雲間寺失元宗詩。」時去王維作畫已一百年上下，石甕寺破落，故有此句。

後來，他在鄂州「刺史亭」上，畫了一幅「孟浩然寫眞」，這亭更名「浩然亭」。由此可見他畫筆之妙，及時人讚賞之深。

天寶十五年（七五六），安祿山反，陷長安，維爲賊所俘，服藥下痢，僞稱瘖病，被拘禁於菩提寺中，曾作凝碧詩一章，寄其感慨，詩說：「萬戶傷心生野煙，百官何日再朝天。秋槐花落空宮裏，凝碧池頭奏管絃。」後來肅宗收復兩京，陷賊的官，分六等治罪。他希望有人救解。恰遇權貴崔圓召他至私第，命令作畫。王維就用心盡藝，運思精巧，畫了幾壁。這幾壁畫也成爲他名作之一。

三、晚年的生涯

後來王維以凝碧詩而從輕減罪。他受了這次打擊，生活思想都發生了極大的轉變。往日熱心於名利的追求，現在則醒覺了富貴的虛幻；往日酷愛這繁華的官場，現在則心灰塵世的擾亂；而皈依佛教，回歸大自然的懷抱。舊唐書本傳說：「兄弟俱奉佛，居常蔬食，不茹葷血。晚年長齋，不衣文綵。在京師日飯十數名僧，以玄談爲樂。齋中無所有，唯茶鐺、藥臼、經案、繩床而已。退朝之後，焚香獨坐，以禪誦爲事。」正是晚年生活的寫照。

後得唐武后時詩人宋之問的「輞川別墅」（在今陝西藍田縣西南），山水奇勝，日與道友裴迪浮舟往來，彈琴賦詩畫畫以自樂。至肅宗上元二年（西元七六一）七月，他離開了人間，靜靜安息在清源寺邊墳墓裏。卒年六十一。輞川成了後人追懷的勝蹟了。杜甫有詩憑弔他說：「不見高人王右丞，藍田邱壑蔓寒藤。」

四、山水畫的代表作

王維的畫最著名的，有山水、雪景、佛像三種。新唐書本傳說他：「畫思入神。至山水平遠，雲勢石色，繪工以爲天機獨到，學者所不及也。」他的山水畫更爲精絕。現在先談他的山水畫的代表作。

輞川，從輞口到王維的別莊，計二十里，川水淪漣，路隨山轉，景物宜人。遊止地方，有孟城坳、華子岡、斤竹嶺、漆園、椒園等二十景。王維晚年居此，時與裴迪步仄徑，臨清流，飲酒賦詩，遨遊其間。這時，他成就了傑作「輞川別墅圖」。輞川圖爲長二、三丈的巨幅，輞川二十景的江鄉風物都包括在畫裏。畫得山峯盤廻，竹木瀟灑，雲水飛動，石用小斧劈皴（註皴法，即畫山石輪廓既成時，畫筆蘸水墨染擦，以顯出山脈石紋，以及陰陽向背之迹者。其嶄刻如斧劈者，謂斧劈皴），葉多夾筆描畫，人物眉目分明，樓閣用筆界畫（註畫時除筆墨外，還需用界尺作線，畫宮室樓閣，謂之筆界畫），筆力清勁，曲盡精微，後人評爲王維第一神品。

這幅畫傳到宋明，更經大畫家郭忠恕臨摹，復經許多名人，如文彥博、韓琦、黃山谷、王秋澗題詠評識，更有一段著名的逸事，可以具體說明這幅畫之所以不朽。

宋哲宗元祐二年丁卯夏，秦少游爲汝南郡學官，臥病舍中。其友高符仲攜王維「輞川圖」，示之曰：「閱此，可以愈疾！」少游即使二子從旁引開，就枕上玩賞之。恍然與摩詰入輞川。度華子岡，經孟城坳，憩輞口莊，泊文杏館，上斤竹嶺，並木蘭柴，絕茱萸沜，躡宮槐陌，窺鹿柴，返于南、北垞，由臨湖亭，航欹湖，戲柳浪，濯欒家瀨，酌金屑泉，過白知灘，停竹里館，轉辛夷塢，抵漆園、椒園，幅巾杖屨，棋奕茗飲，或賦詩自娛，忘其身之于汝南也。數日疾愈。（見秦少游書輞川圖後）。

由欣賞的立場講，秦觀這種神遊圖中的欣賞，是最深入的欣賞。由藝術的成就上說，王維這種能引人入勝，而忘愁療病的畫，是極等的藝術。

又有「捕魚圖」一卷，長丈許，畫江南初冬將要落雪時節，水村網漁之景。圖中，人物多至數十，篙者、槳者、維舟者、撒網者、得魚者，各能盡其神態。相望不過五、六里，卻像百里，千里的遼廓。是山水、人物並妙的佳作。此外，維所作「劍閣」「棧道」「騾綱」「曉行」「雪景」諸圖，也極工緻。

古代名畫家，多作雪景，以白雪寄託孤高絕俗的意念。如：宋之李成「萬山飛雪」，郭忠恕「九峯雪霽」，元之王叔明「劍閣」，明之沈石田「關山積雪」，清之王石谷「雪景」等圖，都是雪景中的名作。王維山水畫中所作雪景；也極有名。他的「雪溪圖」，收入唐宋元寶繪册。「江山雪霽卷」，海內推爲墨王。馮夢禎說：「閱之，便覺神峯吐溜，春浦生煙，……至如粉縷曲折，毫膩淺深，皆有意致。信摩詰精神與水墨相和蒸之至寶。」又「萬峯積雪圖」，絹本，高九寸，長七尺，畫著古柟、修柳、幽篁、膠艇、翻鴉、遠雁、西風迷雲，和白茫茫的雪景。據明人沈周（石田），祝枝山（允明）說：「閱之，則覺寒氣逼人。」

王維畫雪景，山頭或襯金著色，或以銀泥打底，上更用鉛粒細細點就，或以浮粉散著叢樹，當作積雪。元吳仲圭題「王維雪溪圖」詩云：「嶺耀梅重白，隄縈絮正飛，若留清夜賞，鉛粉更光輝。」

五、人物畫的代表作

除山水畫外，王維也工於人物寫眞。筆意清潤秀整，而且是極端寫實的。在他所作的人物大作中，有詩人「孟浩然像」「濟南伏生像」「佛像」等。王維的「襄陽孟公馬上吟詩圖」，畫「孟浩然頎長峭瘦，白袍粉靴，乘欵段馬，一總角小童，提書笈背琴而從」。

王維晚年長齋信佛，退朝後，焚香獨處，對佛教大有契證；所以他所畫佛像，別有一種意象。畫羅漢，在端嚴靜穆中，另具一種慈悲的意態。至於袈裟文織，非常秀麗，千載奕奕而有生色。他又能不落入凡俗的筆法。世人畫「渡水羅漢」，不是乘龍，就是立龜鼉上，多詭怪神奇。王維則近人情。他一幅「渡水羅漢圖」，畫著：「一僧先登岸上，目視雲際孤鶴，欠伸垂足，脫衣石上，若休勞苦；又一僧未渡，而中一僧倒錫杖援引之」。表現著佛家超遠及助人的情性。他所畫羅漢，佛像，據宣和畫譜所載，已不下六、七十幅。

六、畫的特徵與理論

王維的山水自成爲宗派，而能爲後人所崇奉，除畫的神妙之外，他對作畫的主張與方法，自必有許多特點。

甲、雨雪皴法　國畫樹木山石皆重皴法。山石的皴法，多創自唐宋間人，自唐李思訓、王維始發明。李思訓創小斧劈皴；王維雨雪皴，也名雨點皴。維用筆點攢叢簇成皴，下筆均直，形似稻穀。其後，北宋董源由王維皴法，點縱爲長，變爲披麻皴。宋、元畫家多學這種皴法。斧劈、雨雪——披麻皴，爲國畫二大宗代表筆法。其他，如大斧劈、長斧劈、短筆、卷雲……等皴法，都是由此二宗變化而出。

乙、屬於寫意派　王維山水畫法，也是求形似逼眞，但他是屬於寫意派的，著重畫意，與寫實主義手法兩樣，和畫匠畫工的形似逼眞也不同，而是形與物化，物與神合，成了至高超的藝術。所以他作畫，常常精思入神，氣隨物化，意到一揮而成。唐張彥遠畫評說：「王維畫物多不問四時，如畫花往往以桃、杏、芙蓉、蓮花同畫一景。」著重意的象徵，情之所寄，不拘細節。如「袁安臥雪圖」有「雪中芭蕉」之景，便是得心應手脫去凡俗的作品。因此有人譏他爲不知寒暑。其實王維畫的妙處，就在使人從他的作品中得神會的情味。如僧皎然看了他所作「滄洲圖」，作歌說：「滄洲誤是眞，萋萋忽盈視，便有春渚情，褰裳掇芳芷。颯然風至草不動，始悟丹青得如此。……猶疑雨色斜拂座，乍似水涼來入襟。滄洲說近三湘口，誰知卷得在君手，披圖擁褐臨水時，翛然不異滄浪叟。」王維在藝術的成就，是給人心靈上感覺上的領會與相應。又瑯嬛記有一節隨筆說：「王維為岐王畫一大石。王寶之，時獨坐注視，作山中想，悠然有餘趣。一旦，大風雨中，雷電交加，屋宇俱壞。後見空軸，乃知畫石飛去耳。憲宗朝，高麗遣使言，某年月日大風雨中，神嵩山上，飛來一奇石，有王維字印，知為中國之物，王不敢留，遣使奉獻。上命以維手蹟較之，無毫髮差謬。始知維畫神妙！」此又是小說家誌異之言，但吾人今日讀到這裏，也可知王維畫的神妙啊。

丙、畫學秘訣　王維在畫學方面的著作，有「畫學秘訣」三篇，也名「山水論」，收在王右丞集中。「畫學秘訣」三篇，長不過千言左右，但對於後代人學畫山水的啓發卻非常大。所討論的範圍，是名符其實的論畫山水的一些訣竅和規矩。因原作缺乏系統，很散亂，為清醒眉目，這裏將它稍加整理，並給予簡略的說明。現分述如下：

ㄅ、水墨為上　王維在畫學秘訣開頭說：「畫道之中，水墨最為上，肇自然之性，成造化之功。咫尺之圖，畫千里之景；東西南北，宛爾目前；春夏秋冬，生於筆下。」他對水墨畫的好處，說得很清楚了。不但畫來容易，同時數十百里的景物，遠近高下，陰陽向背的境象，都可以因水墨色的濃淡淺深，以及墨色的枯濕，染擦渲淡而傳寫於咫尺畫圖上，這是水墨畫最大的好處。所以當李思訓古典派的金碧山水全盛時代，王維卻提倡浪漫諦克作風的水墨畫。

ㄆ、需要規矩　平常我們作畫最忌畫面散漫，遠近大小不分，主景、客景不明，位置安排不妥當，寫形寫物不正確。爲避免這些缺點，王維認爲初學繪畫，還須從規矩入手。

a、觀察實景，他覺得畫山水者，要先用心觀察山水的形態。在這方面，他自己就曾下過一番工夫。把山水種種形態歸納如下：「平夷頂尖者巔；峭峻相連者嶺；有穴者岫；峭壁者崖；懸石者巖；形圓者巒；路通者川。兩山夾道，名爲壑也；兩山夾水，名爲澗也；似嶺而高者，名爲陵也；極目而平者，名爲坂也。依此者，粗知山水之髣髴也。」能得於形似，然後才能進一步描寫自然的神情。

b、要分遠近大小　唐以前之山水畫，大抵忽略遠近大小，畫羣峰之勢如鈿飾犀櫛，畫人物則往往大如山（見唐張彥遠歷代名畫記）。王維則認爲畫畫要分遠近大小，畫學秘訣說：「丈山、尺樹、寸馬、分人。」就是他對景物大小比例的概念。又說：「遠人無目，遠樹無枝。遠山無石，隱隱如眉；遠水無波，高與雲齊。」所謂人無目，樹無枝，山無石，水無波，都是因景遠而視不清。

c、布局構圖　王維說：「凡畫山水，意在筆先。」就是當選定主題，落筆畫前，對畫面景物位置的安排，主景客景的配合襯托，意象境界的結構，應先作經營。用西洋畫術語說，就是布局構圖。而國畫對景物的布局，多採用「人爲的位置」。王維曾由大自然中立下一些規矩，如：「山腰掩抱，可安寺舍；斷岸坂堤，可置小橋。布路處則林木，岸絕處則古渡，水斷處則烟樹，水濶處則征帆，林密處則屋舍。臨巖古木，根斷而纏藤。臨流石岸，欹奇而水痕。」又說：「懸崖險峻之間，好安怪木；峭壁巉巖之處，莫可通途。遠岫與雲容相接，遙天共水色交光。山鉤鎖處，沿流最出其中；路接危時，棧道可安于此。平地樓臺，偏宜高柳映人家；名山寺觀，雅稱奇杉襯樓閣。遠景烟籠，深巖重鎖。酒旗則當路高懸，客帆宜遇水低掛。遠山須宜低排，近樹須宜拔迸。」他這種布局法，對後世影響極大；所以我國山水畫多呈現著古雅的情調者由此。至於主景與客景的配合，王維說：「主峯最宜高聳，客山須是奔趨。」就是使主景顯出特殊的位置，特別醒目而分明。至於「山腰雲塞，石壁泉塞，樓臺樹塞，道路人塞。」「塔頂參天，不須見殿，似有似無，或上或下。」則又是他對景物配襯渲托的方法。

千餘年來，王維遺留下這些畫畫的意象，已經從家法相傳，不知不覺地統治國畫畫境。所以我們現在所見到水墨山水，重巖疊嶂，懸泉飛瀑，雲繞青山，烟籠翠樹，虛無飄渺神奇的結構，是王維的賜與啊！

d、畫林木之法　畫林木之法，王維則說：「凡畫林木：遠者疎平，近者高密。有葉者枝嫩柔，無葉者枝硬勁。松皮如鱗，柏皮纏身。生土上者，根長而莖直；生石上者，拳曲而伶仃。古木節多而半死，寒林扶疎而蕭森。」

e、畫四時早晚之景　風景因季節氣候而變遷，畫法亦自不同。王維也將他自己的經驗，列入「畫學秘訣」中。如畫風雨之景，王維則說：「有風無雨，只看樹枝；有雨無風，樹頭低壓，行人傘笠，漁父簑衣。」畫早晚之景，王維則說：「早景，則千山欲曉，霧靄微微，朦朧殘月，氣色昏迷。晚景，則山銜紅日，帆捲江渚，路行人急，半掩柴扉。」畫春夏秋冬之景，王維則說：「春景則霧鎖烟籠，長烟引素，水如藍染，山色漸青。夏景則古木蔽天，綠水無波，穿雲瀑布，近水幽亭。秋景則天如水色，簇簇幽林，鴈鴻秋水，蘆鳥沙汀。冬景則借地爲雪，樵者負薪，漁舟倚岸，水淺沙平。」

f、畫同樣之景　王維認爲須多變化，以見異趣，如「山頭不得一樣，樹頭不得一般。」

這些秘訣，雖極簡單，但極切要，吾人能懂得這畫中三昧，自生變化，亦自可成爲畫山水之名手也。

七、作品的流傳

王維的畫，在當時流傳的有多少幅呢？因現在缺乏這類史料，所以無法得悉。但我們可以知道一點，就是王維一生的作品一定不少。其中經過五代兵燹流落之後，到北宋尚有二百軸左右。據北宋「宣和畫譜」記載：王維的畫，藏於御府者，即有一百二十六圖。計開：

「太上像二、山莊圖一、山居圖一、棧道圖七、劍閣圖三、雪山圖一、喚渡圖一、運糧圖一、雪岡圖四、捕魚圖二、雪渡圖三、漁市圖一、驟綱圖一、異域圖一、早行圖二、村墟圖二、度關圖一、蜀道圖四、四皓圖一、維摩圖二、高僧圖九、渡水僧圖三、山谷行旅圖二、山居農作圖二、雪江勝賞圖二、雪江詩意圖一、雪岡渡關圖一、雪川羈旅圖一、雪景餞別圖一、雪景山居圖二、雪景待渡圖三、羣峯雪霽圖一、江皋會遇圖二、黃梅（人名）出山圖一、淨名居士像三、渡水羅漢圖一、寫須菩提像一、寫孟浩然眞一、寫濟南伏生像一十六、羅漢圖四十八。」

其他流傳於民間者尚不計算在內。如宋米芾畫史記載：「王琪收有堯民鼓腹圖」「林虞家收有雪

圖六軸」「張修少卿有辟支佛」。范忠宣（純仁）家藏有「寒林曉竹圖」。鄧椿畫記載：「中原王冠家收有山水圖」「廣都有王維雪山圖，雪竹圖」。所以王維的畫流傳至北宋尙爲不少，但其價値已經是很希罕貴重。據米芾畫史說：「范大珪（君錫）在相國寺，買一幅破碎，所謂王維畫雪圖，即付出七百金。」所以當時王維畫的贋品，亦復不少，充塞於豪貴人家華堂書房間。米芾在他的畫史中，就有這麼一段懷疑的文字：「世俗以蜀中畫『騾綱圖』『劍門關圖』爲王維。又多以江南人所畫『雪圖』命爲王維。但見筆清秀者，即命之維。如蘇之純家所收『魏武讀碑圖』亦命之維；李冠卿家『小巷』亦命之維。長安李氏『雪圖』，與孫載道家『雪圖』一同命之爲王維也。其他貴族家不可勝數，諒非如是之衆也。」

由此，可以想見當時王維畫贋品之多，亦可見王維畫在當時的風行與吃香。侯家富人以收藏有王維畫爲貴。

至靖康（西元一一二六）變起，金據中原，徽欽被擄，宋人南渡。這時「關輔回頭灰燼」，王維藝術品，又何能獨免於兵火戰亂之大刼？至南宋所留存者，已寥如晨星。宋中興館閣所藏的，不過「菩薩一、普賢一、須菩提一、孔雀明王一、濟南伏生圖一、捕魚圖四、盤車圖一、朱陳嫁娶圖一、拂林人物一、雪霽曉行圖一、山水二。」（見宋中興館閣續錄）十五圖而已。其中盤車圖、朱陳嫁娶圖等，又似南宋中興館閣新收藏者。而北宋御府中的國寶，則成爲歷史上陳迹了。

至元、至明，王維的眞蹟，更加少了。明江珂玉珊瑚網轉引嚴氏書畫記說：王維的畫「掛軸有輞川雪溪圖三軸，圓光小景二軸。手卷有王維輞川圖三卷，三峽圖，雪溪圖，女史圖，濟南伏生像。」其中輞川圖大概是後人摹本。

在這時堪稱王維最名貴的畫，大概是明張丑清河書畫舫所記：馮宮保開之家所藏「江山雪霽圖」了。這一幅原是元明內府故物，曾經元初畫家趙孟頫（子昂）鑒定。其次是文徵仲家收藏的「花遠重重樹，雲深處處山」小幀了。

至清初，闕閣所藏，有王維「雪中芭蕉」一圖；今已佚亡。又清舊宮中所藏王維畫，有「山陰圖」一卷，「江干雪意圖」一卷，「千岩萬壑」一卷；至今尚存於國立故宮博物院中。但是否均屬眞蹟，尙待鑒定。至日本京都智積院所藏「瀑布圖」，千福寺所藏「瀧圖」，相傳亦疑為王維畫，據日本學者中村鉎太郎與小鹿佛海合著支那繪畫史說：「較之南宋元明諸家之作，更為高古。」

八、畫派的繁衍

自王維創了南宗畫派，水墨渲淡畫法，遂風靡文人畫界。當時繼承者為張璪。璪字文通，也是古今特出的畫家。其傳為五代荊浩、關仝。關仝所作的山水，一變王維的淡逸平遠的畫風，而成高古渾厚，使南宗的水墨畫，更形徹底。洛陽郭忠恕以臨摹王維畫著稱於世；至宋太宗時，被召入北宋的畫院，成為佼佼者。同時在畫院外的董源、李成、范寬更發揮而光大，被稱為北宋三大畫家。尤以董源水墨最像王維，疏林遠樹，平淡幽深。後起的僧人巨然，傳其衣鉢。至神宗時，米芾及其子虎兒的米家筆法，又是從巨然脫胎的。至元初，有趙孟頫、高克恭，承宋人董、巨的氣韻，當時稱爲第一。元末，有蒼渾的黃公望（子久），深秀的王蒙（叔明），淡逸的倪瓚（之鎮），遒勁的吳鎮（仲圭）四大家都是他的正傳。明季吳派大家文徵明（徵仲），沈周（啓南），及繼沈、文而崛起的董其昌、陳繼儒，以及院派巨擘仇英（實父），則又遠承其衣鉢，而大加倡導，於是王維南宗山水又盛行於世。及至清代，流風所及，較前更盛；支流旁宗，立派成社，紛歧繁雜，號華亭派的查士標，號松江派的趙文度，號新安派的僧人宏仁；此外姑熟派元祖蕭雲從，江西派鼻祖羅牧，婁東派王時敏，鎭江派張寶厓，蔚成南宗畫派之大觀。至現代知名畫家四川張大千，曁自由中國畫家黃君璧，亦均屬南宗也。

（原刊於民國四十五年十月第六十七期文藝創作）

宋案始末

「宋教仁被刺」一案，在中華民國的開國史中佔很重要的一頁；過去研究現代史的學者也曾加論述介紹。今値宋氏逝世六十七週年紀念，特再將這段史事詳加介紹，並將當時江蘇都督程德全、民政長應德閎奉袁世凱電令，調査該案結果，通電各省所公布出來的證據，加以補充、附註、說明。

民國二年（一九一三）一月十日，各地國會參議員與衆議員的選舉都已經完成。國民黨在宋教仁策劃下，各地支部早就積極展開競選運動；選舉結果，參衆兩院共八七〇席，國民黨佔三九二席，若包括跨黨份子在內，將近五百席；共和、統一、民主三黨，合計僅得二二三席。國民黨由於選舉大勝，對於制定憲法，選舉總統，同意總理，組織新內閣，通過一切法律案，因此有極大的影響力。另一方面，對於袁世凱一派的人物，當然形成極大的打擊。像袁世凱，像趙秉鈞，都自認爲他們逼使淸帝退位，對建立共和，立有大功，現在當總統，當總理，都是應得的酬勞。可是他們執政以來，只知維持現狀，大授勳位，封賞官銜，聘用顧問，浪費公帑，以舉債爲財政政策，而不謀其他辦法，以苟安爲外交大計，以致蘇俄支持外蒙獨立，英國也派兵侵入西藏，胡搞亂來，敷衍塞責，因陷中國於危險之地。

宋教仁向來主張「政黨內閣」，由國會中多數黨出來組織內閣。這年一月初，他離開了故鄉湖南桃源縣後，經過長沙、武昌、漢口、九江、安慶、南京，而至上海，沿途演講，都抨擊時政失敗的地方。其實，宋教仁仍然主張將來正式總統，以袁世凱爲宜，內閣則非由國會多數黨國民黨組織不可，並代草國民黨的大政見，對政體與政策，均有極提綱挈要的闡述，實可作爲一個政黨組織內閣時施政的方針。他一生所努力追求的理想，是在制定一套眞能夠保障民權的憲法，以掃清二千多年來帝王專制的毒害，而組織純粹的政黨內閣，以建立一個民主富強的中國。但外間卻喧傳宋教仁將支持黎元洪出任總統。有人說黎元洪若能以「首義元勛」，當上總統，當可得到國人的贊同，既可使專制的袁世凱自然下臺，又可使愚弱的黎元洪入於掌握，再由宋氏出任國務總理，組織國民黨責任內閣；那麼統一、強固、有爲的中央政府當可望其實現了。這當然爲袁世凱一派人所深忌。

民國二年三月二十日午後十時四十分，當宋教仁擬乘滬寧夜車，前往南京，轉搭津浦車北上，與黃興等人走向剪票的門口時，忽然有人由背後連開三槍狙擊。第一槍擊中宋教仁的腰部。兇手乘亂逃走。于右任即用汽車護送宋教仁入滬寧鐵路醫院治療。終因傷重，延至二十二日凌晨四時四十八分，不幸逝世，卒年三十二歲。

二十三日夜十點多鐘，公共租界總巡卜羅斯在英租界湖北路迎春坊李桂玉妓館內，捕獲謀殺犯應夔丞。二十四日早晨，又於搜查法租界徐家滙路文元坊應宅，捕獲兇犯武士英（自稱吳福銘）；武士英則坦白供認，行刺不誤。二十五、二十六兩日，又在應宅搜獲謀殺的重要證物：五響手槍一把，內尚存子彈兩粒，和宋教仁身上取出的子彈同一型式，還有國務總理趙秉鈞給應夔丞「應」字、「川」字密碼電本，又有牽涉到應夔丞和北京內務部秘書洪述祖、趙秉鈞往來秘密的電報、信件、傳單信等等。二十六日，又在上海電報局查到有關應夔丞與北京洪述祖往來的電報的底稿四件，又於二十九日調取校譯。

應夔丞，原名桂馨，浙江寧波人，原爲陳英士幹諜報工作，曾充當南京臨時政府的庶務長，因貪污被胡漢民撤差後，聯絡青、紅、公口三幫，組織共進會，自稱會長，到處鬧事。袁世凱派洪述祖南來上海，由前清第二十鎮統制張紹曾函介與應相見；洪往南京，當面向程德全都督保薦應夔丞充當駐滬巡查長，兼管江蘇全省巡查長；並且邀應入京，進見趙秉鈞與袁世凱，因此被收買爲爪牙。到二年一月，國會議員大選揭曉後，民權報記者何海鳴在上海組織『歡迎國會團』，通電全國，倡言要變更第一屆國會開會的地點，認爲應該在上海開預備會，在南京開成立會，以預防北京軍警干涉，保持立法機關的獨立；所以袁世凱在一月二十三日就派遣洪述祖帶了巨款，和應夔丞一起南來上海，設法解散『歡迎國會團』。洪於一月底回北京將國會團事報告袁、趙；應夔丞就留在上海爲袁、趙做工作了。至此，應夔丞出價大洋一千元，收買殺手武士英，暗殺宋教仁。武曾做過雲南管帶，這時失業流落上海，窮愁潦倒，遂爲利用。當應、武二犯被捕之後，洪述祖即於三月二十六日自北京潛逃至山東青島，求庇於德人；蓋青島時爲德國的租借地。

應夔丞、武士英二犯，被英、法警探逮捕入獄後，經過上海公共租界英、法法庭七次預審，終以證據確鑿，宣告結束，而將武、應二犯分於四月十六、十七兩日，移交中國法庭訊辦。十八日，又將各種證據一併移交中國交涉使陳貽範接收。陳貽範以此案關係重大，會同程德全、應德閎、黃興、伍廷芳、陳英士、王寵惠、陸惠生，和上海地方審判廳廳長黃涵之、檢察廳廳長陳英（菘生）等，一起檢閱各種證據；密碼電稿，並用「應」、「川」密碼本校譯了出來，並將重要文件，分別攝影，製成銅版，印刷多份。到四月二十三日，全部檢查、拍照完畢。二十四日，武士英病死獄中。

由檢查這些電函信件之類的證據，發現刺殺宋教仁的幕後主使人，竟是當時大總統袁世凱；國務總理趙秉鈞也是這個陰謀的策畫人。洪述祖是中間聯絡人，應夔丞是執行暗殺陰謀的工具，武士英只是應夔丞所收買的殺手。

當時，黃興先生主張循法律的途徑解決，將這些主使謀殺宋教仁的證據公開，使所有人看穿袁世凱的眞面目，使人民因此覺醒，起來維護共和；並主張用輿論制裁他，由特別法庭宣判他罪狀，國會不再選他爲總統，袁世凱也就自然倒臺了。

到了四月二十五日晚上十二時，江蘇都督程德全，民政長應德閎將調查宋案實際的證據與結果，電告總統袁世凱、參衆兩院、國務院及全國各省都督及民政長。二十六日，上海民立報將原電的文字，整理刊登了出來，並加醒目的標題：

「注意！注意‼注意!!!

宋案證據之披露」

二十七日，葉楚傖在民立報上撰「哀袁趙」一文，呼籲中外人士起來反對袁世凱，遺棄袁世凱。現在，將該電原文，全部謄錄如下。因電文簡略，有些難解；所以特在本章的後面，詳加注釋說明：

「前農林總長宋教仁被刺身故一案，經上海公共租界會審公堂，暨法租界會審公堂，分別預審，暗殺明確，於本月十六、十七兩日，先後將兇犯武士英（即吳福銘）、應桂馨（即應夔丞）解交前來。又於十八日，由公共租界會審公堂呈送：在應犯家內，由英、法總巡等搜獲之兇器五響手槍一枝，內有槍彈兩個，外槍彈殼一個；密電碼二本；封固函電證據兩包，皮箱一個。另由公共租界捕房總巡當堂移交：在應犯家內搜獲函電之證據五包，並據上海地方檢察廳長陳英，將法捕房在應犯家內搜獲之函電簿籍證據一大木箱，手皮包一個，送交彙檢。當經分別接收，將兇犯嚴密看管後，又將前於三月二十九日，在電報滬局查閱洪、應兩犯最近往來電底，調取校譯。連日，由德全、德閎會同地方檢察廳長陳英等，在駐滬交涉員署內，執行檢查手續。德全、德閎均爲地方長官，按照公堂法律，本有執行檢查事務之職權；加以三月二十二日奉大總統令，自應將此案證據，逐細檢查，以期窮究主名，務得確情。所有關係本案緊要各證據公同蓋印，並拍印照片。除將一切證據妥愼保存外，茲特撮要報告：

查應犯往來電報，多用『應』、『川』兩密本。

本年一月十四日，趙總理致應犯函：『密碼送請檢收，以後有電，直寄國務院可也』等語。外附密碼一本，上注『國務院「應密」，民國二年一月十四日』字樣。

應犯於一月二十六日寄趙總理『應密』『徑』電：有『國會盲爭，眞象已得，洪回面詳』等語。

二月一日，應犯寄趙總理『應密』『東』電，有『憲法起草（創議於江浙川鄂國民黨議員）。現以文字鼓吹，金錢聯絡（已招得兩省過半數），主張兩綱：一係總理外不投票，（似已操有把握）。一係解散國會，（手續繁重，取效已難，已力圖）。此外何海鳴、戴天仇等，已另籌對待』等語（註一）

二月二日，應犯寄程經世轉趙總理『應密』『冬』電，有『孫、黃、黎、宋，運動極烈，民黨忽主宋任總理，已向日本購孫、黃、宋劣史，警廳供抄宋犯騙案刑事提票，用照片輯印十萬册，擬從橫濱發行』等語（註二）。

又查洪述祖來滬，有張紹曾介紹一函。

洪、應往來函件甚多，緊要各件撮如下：

二月一日，洪述祖致應犯函，有『「大題目」總以做一篇激烈文章，方有價值』等語（註三）。

二月二日，洪致應犯函，有『緊要文章，已略露一句，說：「必有激烈舉動」。弟須於題前巡電老趙，索一數目』等語（註四）。

二月四日，洪致應犯函，有『「冬」電到趙處，即交兄手，面呈總統，閱後色頗喜，說「弟頗有本事。既有把握，即望進行」云云。兄又略提款事。渠說：「將宋騙案及照出之提票式寄來，以爲徵信」。弟以後用「川密」與兄』等語（註五）。

二月八日，洪致應犯函，有『宋輩有無覓處，中央對此似頗注意』等語（註六）。

二月十一日，洪致應犯函，有『宋件到手，即來索款』等語。

二月二十二日，洪致應犯函，有『來函已面呈總理、總統閱過。以後勿通電國務院，因智老已將「應密」電本交來，恐程君不機密，純令飭兄一人經理。請款總要在物件到後，（國會成立之時，不宜太早太遲），爲數不可過三十萬』等語（註七）。

（三月十日），應犯致洪述祖『川密』『蒸』電，有『八厘公債，在上海指定銀行交足，六六二折，買三百五十萬，請轉呈，當日復』等語（註八）。

三月十三日，應犯致洪函，有『「民立」記遯初在寧之演說詞；讀之，即知其近來之勢力，及趨向所在矣。事關大計，欲爲釜底抽薪法，若不去宋，非特生出無窮是非，恐大局必爲擾亂』等語（註九）。

三月十三日，洪述祖致應犯『川密』（有）『「蒸」電，已交財政總長核辦，債止六厘，恐折扣大，通不過。燬宋酬勳位；相度機宜，妥籌辦理』等語（註一〇）。

三月十四日，應犯致洪述祖『應密』『寒』電，有『梁山匪魁，頃又四處擾亂，危險實甚，已發緊急命令，設法剿捕，乞轉呈候示』等語（註一一）。

三月十七日，洪述祖致應犯『應密』『銑』電，有『「寒」電到，債票特別准。何日繳現領票？另電潤我若干？今日復』等語（註一二）。

三月十八日，又致應犯『川密』有『「寒」電，應即照辦』等語（註一三）。

三月十九日，又致應犯電，有『事速照行』一語。

三月二十日半夜兩點鐘，即宋前總長被害之日，應犯致洪述祖『川密』『號』電，有『二十四十分鐘所發急令，已達到。請先呈報』等語（註一四）。

三月二十一日，又致洪『川密』『個』電，有『「號」電諒悉，匪魁已滅。我軍一無傷亡，堪慰。望轉呈報』等語（註一五）。

三月二十三日，洪述祖致應犯函，有『「號」「個」兩電，均悉，不再另復。鄙人於四月七號到滬』等語。此函係快信，於應犯被捕後，始由郵局遞到。津局曾電滬局退回；當時滬局已將此函送交涉員署，轉送到德全處。

又查應犯家內證據中，有趙總理致洪述祖數函。當係洪述祖將原函寄交應犯者。內趙總理致洪函，有『應君領紙，不甚接頭，仍請一手經理，與總統說定，方行』等語。又查應自造『監督議院政府神聖裁判機關』簡明宣告文，謄寫本共四十二通，均候分寄各處報館，已貼郵票，尚未發表；即國務院『宥』日據以通電各省之件（註一六）。其餘各件，容另文呈報。

前奉電令窮究主名，必須徹底訊究，以期水落石出。似此案情重大，自應先行撮要據實電陳。除武士英一犯，業經在獄身故，由德全等派西醫會同檢察廳所派西醫四人剖驗，另行電陳。應桂馨一犯，迭經電請組織特別法庭，一俟奉准，即行開審外，謹電聞。程德全、應德閎呈。」

由程德全、應德閎公布的證據，可以知道應與趙、應與洪來往的函件，談的都是如何傾陷暗殺宋教仁的事情；無論事前事後，都關連到袁、趙兩人，如洪致應電，有「面呈總統閱後色頗喜」及「面呈總統、總理閱過」等語。又有「既有把握，即望進行」，說的是傾陷；「應即照辦」，說的是暗殺，都是袁世凱囑咐洪轉告應的話。「傾陷與暗殺宋教仁」，袁世凱非特預聞，而且是用金錢收買應夔丞去進行，用勳位誘使應夔丞去辦理。所以應夔丞在謀刺成功後，即電洪述祖「呈報」、「轉呈」袁、趙。袁世凱是宋案的正犯元兇。

但袁世凱與趙秉鈞爲什麼要暗殺宋教仁先生呢？

徐血兒說：「宋先生遊歷多省，演說政見，間及政府之腐敗；袁、趙仇視益甚，遂生殘害之心；復得洪、應二賊爲之鷹犬，所以陰謀詭計，百出不窮。初尚以毀壞宋先生之名譽而已，卒以宋先生無過可尋，不能達其目的；且見海內欽服宋先生之忱，迥非尋常可及，羣隱以正式內閣相屬，袁、趙『暗殺之舉，乃於此決』。蓋袁素反對政黨內閣，宋爲主張政黨內閣之最有力者，則袁將不得爲所欲爲，苦於束縛；趙則恐權位之不能長保，不得肆意橫行，此其所以決意暗殺宋先生也。」

【附註】

註 一：「憲法起草」，國民黨時由王寵惠執筆起草，有「中華民國憲法芻議」與「草案」，不久於民國二年三月二十八日起，連續刊載於民立報上。戴天仇字季陶，與何海鳴，都是上海民權報記者，都是反袁的激進份子。本節括號內的文字，係據原電補充。由「現以文字鼓吹」至「另籌對待」是應夔丞自述利用金錢運動議員，投票趙秉鈞為總理，解散「歡迎國會團」二事情況。

註 二：應言民黨主張宋教仁出任總理，所以他已向日本購買資料，破壞宋的名譽。應所謂「騙案」，係指宋教仁出版「間島問題」一書，引起版權訴訟的事。據民立報民國二年五月六日刊載捄炎「宋案勘言」說：「當間島交涉時，遯初著有『間島問題』，署名『宋鍊』；駐日欽使李家駒延見遯初，閱之甚歡，遂以報告袁氏（袁世凱時為外務部尙書）。袁電李，令遯初進京，許以不次之擢。宋故以川資不足為辭。留學生編譯社遂以二百元購其稿，並未兼買版權。當時同志頗有疑遯初，有貳心於滿清者。遯初不得已在報紙上登一告白：有『革命黨首領宋教仁著間島問題一書，為某君將去印行，因原書錯誤太多，故自行集資再印』之語。該社經理遂指為『撞騙』，向日本警廳提起訴訟；後因『版權本未買絕』，當然不成罪案。應等所指騙案，蓋指此事。欲利用為傾陷之具，可謂心勞力拙矣。」又說：「不足以為傾陷之資料，遂出於暗殺之計。稍有常識者，類能知之。」

註 三：「激烈文章」，謂暗殺宋教仁。價值，謂報酬。

註 四：「已略露一句」，洪謂已向袁、趙微露其暗殺計畫。弟，稱應夔丞。題前，謂行動前。民國二年四月一日，民立報載總理趙秉鈞派警察總監王治馨為代表，參加北京國民黨追悼宋教仁大會，發表演說時，提到袁世凱的說話：

「袁說在宋被刺前，洪述祖曾有一次說及：『總統行政，諸多掣肘，皆由反對黨政見不同。何不收拾一二人，以警其餘。』袁答說：『反對者，旣爲政黨，則非一二人；故如此辦法，實屬不合。』現在，宋果被刺死，難保非洪藉此爲迎合意旨之媒。」王治馨說，袁當時曾加反對。實在是爲袁脫罪之語罷了。

註　五：兒，洪述祖自稱。此言趙秉鈞收到應夔丞二月二日來「多」電，即交洪述祖，當面進呈袁世凱；由此，可證洪、應所進行陰謀，亦爲袁所授權同意。由袁「閱後色頗喜」，可見袁對宋嫉忌之深；由袁說話，可見袁以一國總統，竟欲以陰謀傾陷政敵，亦可見袁之人格卑劣至極。

註　六：「輩」字似「案」字。中央，指袁世凱。

註　七：由「來函已面呈總理、總統閱過」，可證應、洪所爲，悉稟承袁世凱、趙秉鈞二人之命。趙字智庵，故稱「智老」。程君指程經世。「物件」指宋教仁生命。括號內的文字，「國會或立之時，不宜太早太遲」，據洪致應原函補充；由此，可見暗殺的時間表，此時業已定下。袁世凱在國會召開之前，電催宋入京，共商國是，用以配合其陰謀。三十萬，爲殺宋代價的限額。

註　八：應夔丞向洪提出殺宋酬款的交付辦法。三月十一日，洪述祖致應密電，有「蒸電來意不明，請詳再轉」等語。三月十二日，應犯致洪函有「前電述將中央第一次上年九月所出之八厘公債票，外間出賣每百萬只賣六十五萬，夔處親戚承買，願出六六二，即每百萬出洋六十六萬二千元，在上海中央所指定銀行，尅日過付三百五十萬元。乞轉呈財政長，從速密覆。夜長夢多，日久又恐變計。」

註　九：民立，指民立報。遯初，宋教仁字。寧，南京。按應原函，在「必爲擾亂」下，尚有「惟中間手續，無米爲炊，固非易易。幸餘產拼擋，足可挪撥二十餘萬，以之全力從此急急進行，復命有日，請俟之」等語。據此上下文看來，表明其贊同刺宋，刺宋須找「殺手」來做；須款二十餘萬元，他可以先行挪墊。

註一〇：蒸電，指三月十日應致洪電。財政總長，時爲周學熙。應夔丞索刺宋代價，爲八厘公債三百五十萬元，以六六二折出售給他。洪述祖認爲折扣太大，怕財政部不肯通過；故另許他「燬宋酬勳」，作爲補償。「燬宋」，即「刺宋」。何人能頒勳位？只有總統。可見此電，當得袁世凱同意。一個民主國家的總統，使兇手暗殺政黨領袖，竟然以折價出售國家公債與頒贈國家勳位，作爲酬勞。眞是聞所未聞，無恥之極；所以民立報評謂：「桀紂之惡，不若之甚也。」

註一一：此以「水滸傳」中梁山泊首領宋江，暗示宋教仁。由「乞轉呈候示」一語，可知宋案幕後的主使人，確爲袁世凱與趙秉鈞。

註一二：此覆應三月十四日電，並謂暗殺代價，已由袁世凱特准；末洪求分潤。

註一三：應夔丞寒電，請洪述祖「轉呈候示」；此電覆以「應即照辦」。由此可見「刺宋」一節，已得到袁、趙批准，所以洪催應「應即照辦」。

註一四：宋教仁在三月二十日晚上十時四十分左右，在滬寧車站，被應夔丞派的槍手武士英所擊中。故應急電報告達到目的，請洪「先行呈報」袁、趙。

註一五：應夔丞知宋教仁傷重必死，而武士英已安全逃藏其家，故云「匪魁已滅，我軍一無傷亡」。並請洪「呈報」袁、趙。

註一六：國務院在宋案發生後，三月二十六日曾通電各省，謂「據應夔丞二十三日函稱，滬上發現一種監督政府政黨之裁判機關，並附有簡明宣告文，雜列宋教仁、梁啓超、袁世凱、趙秉鈞、汪榮寶等等之罪狀，謂俱宜加以懲創，特先判決宋教仁之死刑，即時執行」等語。這是趙、應、洪等想借此迷惑社會看法，掩飾自己罪狀的一種文字。

（原刊民國六十九年三月中華文化復興月刊第十三卷第三期）

新春話茶

一、開頭

閒暇無事，在家喝著茶，讀著茶經，不禁想到我國是「產茶的王國」，一定有許多關於「茶」的記載，於是就借來更多的書籍來讀。慢慢我對喝茶也能夠品賞了，上舖子買茶葉也可以假充內行了，偶爾也可以和人談談茶事了。這份雅趣，我覺得實在應該公之同好。更何況臺灣也是產茶的地區，去年產茶二八五八一噸，其中二三五一六噸外銷日、美等三十五國，獲得兩千多萬美元的外匯；剩下五〇六五噸供應國內市場，若以臺灣一千五百多萬人口來平均，每人年消費量不到三百多公克，比起英國人要喝十磅茶葉，實在少得多了。所以我撰寫這篇文字，希望能加強國人對茶的嗜好，恢復飲茶的習慣，能以「茶」爲日常的主要飲料。

二、茶的史話

㈠從秦漢到魏晉

茶，古有茶、檟、茗、蔎、荈等異名。「檟」名很古。早採的叫「茶」；晚採的叫「茗」，一名「荈」。相傳唐陸羽著茶經，才把「茶」字減少一畫，作「茶」；後人就通稱「茶」；其實在這以前「茶」字已經流行很久了。

詩邶風谷風有「誰謂茶苦？其甘如薺。」「茶」若是指現在的「茶」，由來就很早了。根據文字記載，大概喝茶的風習，四川人比較早。顧炎武說從秦人取蜀（西元前三一六）後就有「茗飲」的事。漢宣帝時，西蜀文人王褒作「僮約」一篇，也有「武都買茶」的話。其次是江南；東漢末，吳人已知道飲茶。這時可能直接採摘新鮮的茶葉煎飲的。吳人用茶葉煮粥，叫做「茶茗粥」。三國東吳末代（二四三——二八三）君主孫皓，每次宴會，常逼臣下喝酒，只有韋曜特別受寵異，有時密賜茶茗當酒；這和現在新郎新娘敬酒時一樣。西晉武帝時四川產的茶葉已經很有名，太康初（二八〇），詩人張載到四川省父，作登成都白菟樓詩，嘗說：「芳茶冠六清，溢味播九區。」這時已有焙乾的茶葉。劉琨給兒子羣書上說：「前得安州『乾茶』二斤。」東晉司徒長史王濛喜歡喝茶，客人來訪，就拿茶招待客人，士大夫都以為患，稱做「水厄」。可見這時從北方遷來江南的移民對「喝茶」一道還不大習慣；不過慢慢也就成了待客的習俗；揚州牧桓溫每次宴請客人，吳興太守陸納招待謝安，都只備茶果罷了。

㈡隋唐時代

隋文帝患頭痛，有人建議喝茶可以好。文帝服了有效，於是各方競採茶葉進獻，天下人才普遍知道喝茶的好處。到了唐朝喝茶的人漸漸多了，親友間送茶葉作禮物。李白遊金陵，他的族姪僧中孚送他當陽縣玉泉山產的「仙人掌茶」。茶葉本來是野生的；這時有人用人工種在園中。如韋應物喜園中茶生詩說：「此物信靈味，本自出山原。聊因理羣餘，率爾植荒園。」

唐肅宗上元初（七六〇），陸羽（鴻漸）喜歡喝茶，隱居江西上饒縣北茶山，一說隱居苕溪，開始研究採製茶葉的方法。他常在春天的烟霞中，親入深山，翻上層崖採茶，到了紅日西斜，採了滿筐的茶芽，就寄宿山野人家；也可見當時採茶的辛苦了。陸羽著有「茶經」三卷，詳述製茶、器具和烹飲的各種方法，從此喝茶成了風尚了。陸羽被當時御史大夫李季卿稱做「煮茶博士」；後世因此稱賣茶的爲「茶博士」，茶業界並供祀陸羽爲「茶神」。

唐代產茶的名區，四川有劍南蒙頂（今名山縣西蒙山）、東川、夔州（今奉節），江浙有常州義興（即陽羨，今宜興）、湖州（今吳興顧渚）、婺州（今金華）、睦州（今淳安），兩湖有硤州（今宜昌）、江陵、蘄州（今蘄春）、衡山、岳州（今岳陽），江西有洪州（今南昌），安徽有霍山六安，福建有福州方山等地，所產茶都很好，而且名目很多。茶喜氣暖，茶區多在江南。長江以北，以安徽霍山的「六安茶」最爲著名，色香味均佳。當時因製法不對，僅列凡品，後代焙製得法，就成爲「綠茶」中的上品，俗稱「六安松蘿」。唐代以四川蒙頂茶號稱第一；此外以湖州顧渚茶爲上，次爲常州陽羨茶。陸羽認爲二地紫筍茶，比其他地方的茶好，始列爲「貢茶」。筍，初芽。後來杜牧有詩贊道：「泉嫩黃金湧，芽香紫璧栽。」「樹陰香作帳，花徑落成堆。」德宗貞元（七八五——八〇四）後，每年湖州爲進貢紫筍茶，動員的役工常高達三萬多人，累月方畢，可謂極一時之盛。

晚唐的隱逸詩人陸龜蒙曾在顧渚山下置茶園，與皮日休倡和，作有「茶中雜詠詩」各十首。他們寫茶塢道：「好是夏初時，白花滿煙雨。」寫採茶人道：「日晚相笑歸，腰間佩輕簍。」寫茶筍（芽）道：「輕烟漸結花，嫩蕊初成管。」寫茶舍道：「陽崖枕白屋，幾口嬉嬉活。」描寫在巖旁起竈蒸製茶葉道：「盈鍋玉泉沸，滿甑雲芽熟。奇香籠春桂，嫩色凌秋菊。」又描寫焙乾茶葉，製成各種形狀的茶餅道：「初能燥金餅，漸見乾瓊液。」「方圓隨樣拍，次第依層取。」由這些倡和的詩句，可以想見唐人採茶、製茶的情況了。

㈢五代到宋朝

五代十國時，閩惠宗龍啓中（九三三——九三四）張廷輝因爲所居建州（今福建建甌）北苑的土地適合種茶，獻給官家，於是「北苑茶」著名世上。南唐玄宗保大間（九四三——九五七）命北苑焙，製造「研膏茶」，繼造「蠟面茶」；又製片狀「乳茶」，叫做「京鋌」，茶味甘滑。蠟茶成爲貢品，從此開始，顧渚、陽羨茶貢也就停止了。

宋太祖建隆（九六〇——九六二）以來，僅以北苑附近諸焙所製的茶葉，上供皇帝御用。太宗太平興國二年（九七七）北苑置龍鳳模型，造「龍鳳茶」，以別「庶民」的茶。至道二年（九九六）又詔取叢生石崖的茶葉，造「石乳茶」、「白乳茶」，於是「蠟面茶」又稱爲下品。眞宗咸平中（九九八——一〇〇三），西崑詩人丁謂（晉公）爲福建路轉運使，監製御茶，進獻大片的「龍團」「鳳餅」。丁謂有詩詠茶說：

「建水正寒清，茶民已夙興。萌芽先社雨，採掇帶春冰。碾細香塵起，烹新玉乳凝。煩襟時一啜，寧羨酒如澠？」（澠，澠水。「有酒如澠」，語出左傳昭十三年）

當時建州官私諸焙有一千三百三十六所，所產茶名聞天下。仁宗慶曆中（一〇四一——一〇四八）蔡襄（君謨）爲福建轉運使，選擇最精好的茶葉，改造「小龍團茶」，直金二兩，上印龍鳳紋，專供御飲，最爲名貴，皇帝偶爾用賜大臣，好幾個人才分得一餅，宮中人往往縷金其上。蔡襄著有「茶錄」。神宗元豐間（一〇七八——一〇八五）製「密雲龍茶」，味極甘馨，又比「小龍團」好。蘇東坡曾用此茶招待門下黃庭堅、秦觀、晁補之、張耒四學士，成爲一時韻事。哲宗紹聖間（一〇九四——一〇九七）又改爲「瑞雲祥龍茶」。徽宗大觀初（一一〇七）親撰「茶論」二十篇，品茶以「白茶」第一；白茶葉瑩薄如紙，崖林之間，偶爾生出；又製三色細芽。宣和庚子（一一二〇）鄭可簡又創「銀絲冰芽」，把已揀熟芽剔去，只取中心一縷，用清水浸漬，光瑩如銀絲。又製方寸新銙，有小龍蜿蜒，號「龍團勝雪」，爲各種茶葉之冠。

宋朝的茶葉，一代比一代精美，喝茶的風氣極盛。諺云：「客來則啜茶，客去則啜湯。」所以產量極夥，產地包括江浙、兩湖、川廣、福建、江西、淮南等兩三百縣，主要有片茶、散茶、蠟茶三類。片茶的名品，有龍、鳳、石乳、白乳……歲充國貢，其他有仙芝、福合、綠英、金片、先春、早春、黃翎毛等三四十種，散茶有雨前、雨後、龍井等十餘種。普通茶價每斤十五六錢至八九百錢不等。

㈣明代

明太祖洪武二十四年（一三九一）詔限各地所產茶，每年定額，聽茶戶採進。茶名有探春、先春、次春、紫筍，不得碾揉做龍團茶。陽羨、北苑的茶葉都逐漸沒落，以福建崇安縣南武夷山茶最好，著名中外。浙江長興縣的羅岕茶也很好。羅岕，可能就是指唐人顧渚山的紫筍。

㈤清代

清代產茶的地區更廣，數量更多，並成了我國跟西方貿易出口貨的大宗。歐洲人知道茶葉是在明嘉靖二十九年（一五五〇）左右。到十七世紀，茶葉漸漸輸入葡萄牙、西班牙、法國和俄羅斯。明崇禎十三年（一六四〇），荷蘭人首先把我國的紅茶，像武夷茶、小種茶之類轉運到英國倫敦。清康熙四十四年（一七〇五），綠茶像大珠茶、小珠茶、雨前茶、松蘿茶、包種茶……等才傳到英國。雍正間（約當十八世紀初葉）英國東印度公司每年平均從我國運出茶葉四十萬磅；後來「飲茶」成了英國人生活的一種風習，當時茶價每擔十三四兩銀子，到乾隆二十年（一七五五）達到十九兩。外銷茶葉的來源，有福建的紅茶，安徽的綠茶，江西的二色，統由廣州出口。乾隆四十七年（一七八二）歐人在廣東運茶一千四百六十三萬磅。嘉慶十三年（一八〇八）後，每年平均大約有兩千六百萬磅，六十倍於雍正朝。十九世紀中葉以前，歐美所用茶，都是我國出產；後來印度、錫蘭、爪哇、印尼、蘇門答臘、婆羅洲、東非等地也都栽植茶樹，產量日多，逐漸打破我國獨霸世界茶市的地位了。

三、茶樹

茶樹主要生長在我國南方，矮的一兩尺，高的兩三丈，一般五六尺，葉子有鋸齒，呈長橢圓形，秋末開白色花朵，香氣馨郁，果實扁圓，三角形，成熟時裂開，散出的種子可以榨油煮菜。木材緻密，可以雕刻藝術品。茶葉就是用它的細芽嫩葉焙乾製成的。前人分做七種：

①白葉茶：芽白如紙，前人採爲鬬茶，氣味淡薄。

②柑葉茶：樹高一丈多，葉子厚圓，好像柑橘葉，一發芽就很肥潤，長兩寸多，可製上品茶葉。

③早茶：發芽較早，葉子也像柑橘葉。

④細葉茶：樹高五六尺，葉比柑葉細薄，芽短不肥潤。

⑤稽茶：葉子細厚，發芽晚而青黃。

⑥晚茶：發芽更晚。

⑦叢茶：也叫做蘗茶，叢生，高不數尺。一年之間，發芽數次，製成的茶葉價值不高。

四、茶的養分和好處

茶葉的營養成分很高，含有蛋白質、脂肪、醣質、鈣燐鐵等礦物質，以及豐富的維他命A、B、C等，所以喝茶有益健康，並且可預防敗血病。另含有百分之二到三的茶素（Theine ），微帶苦味，具有興奮作用，所以喝茶又可以益思提神，輕身明目，解除疲勞，增進工作的效率，還可以用來醒酒。中國的茶特別還含有單寧酸（Tannic Acid），能幫助消化，殺滅細菌，預防疾病。還含有芳香油，所以茶有甘冽的香味，用來漱口，不但可以消除口臭，而且可以消除深藏口腔咽喉的細菌，使吐氣馨郁。茶性微寒，還可以解渴去暑，解毒利小便。難怪我國人喜歡飲茶。

五、種茶方法

㈠下種

種茶一定得下種，不能移植。移植不能再生，也不容易活。南方定親的聘禮，必包括「茶」一項，叫做「下茶禮」，就是這個意思。內地種茶大都在六月開始，把茶園中野草鬱木，連根鋤去，燒作肥料。茶園中惟一可以種些桐樹。茶樹冬天怕冷，桐葉望秋先落，可得冬陽充分的照射，夏季又怕太陽猛晒，桐樹春天漸漸茂盛，又可爲擋住炎日。茶下種三年，才可以採用。

㈡土壤和氣候

種茶的土壤，以爛石最佳，其次礫壤，再次是紅土（黃土）。紅土不宜種其他作物，但適合種茶；用黑土種茶，味甘香，色青白，有油油的光澤；用黃土種茶，呈黃白色；土質過於瘠薄，所生的芽短味淡。宋北苑茶特別芳美，主要是環境跟其他的地方不同，四周高山回環，好像一口大碗，先春早上出太陽，而時常下雨，雨停了就霧氣迷濛蒸騰，中午氣候猶寒，最宜於茶。茶最喜朝陽。北苑鳳凰山高不百丈，一帶茶園都是早晨先見太陽的地方，每年發芽常早，非常肥潤，所焙製茶非常嘉美。

六、採茶

㈠季節與時候

我國各地採茶的季節不同，有的早一點，有的晚一點，大抵在報春鳥鳴叫時開始採茶。福建建州北苑採茶比他地早一些，驚蟄（陰曆二月初）前十日就發芽，若氣候稍寒，延到驚蟄後五六日才發芽，一發芽就可以採摘。早芽的茶氣味不佳，過了驚蟄最好。往北去稍晚，越北越晚。浙江杭州多在清明、穀雨（陰曆三月初到三月中）摘茶最適中。在穀雨前採，叫做「雨前茶」。在清明前採，叫做「明前茶」；又因在寒食禁火前，又叫做「火前茶」。其實杭州山中人多在四月立夏前才採，叫做「春茶」。也有在秋七八月重摘一番，叫做「早春茶」。杭州南高峯前風篁嶺下，舊名龍泓，井泉清冽，附近產茶甚佳，世稱「龍井」。

前人採茶都是起大早去的，夜露未乾，茶芽肥潤；太陽一出，葉子上露水乾了，膏肥消耗；芽葉受水就不鮮潤，而且易損。宋建州北苑都是在五更打鼓集中採茶人入山採茶，到辰時——早上七八點，就鳴鑼停工了。

㈡採茶的技巧

採摘茶葉也有技巧，茶芽用指甲掐斷，不能用手指揉斷，以減少損失。茶芽要選擇肥潤的先採，並注意芽的早晚，那樣製成的茶葉，氣味甘香濃厚，着盞不散。

㈢茶芽的品類

過去茶民以爲茶的色味，都在茶梗中，梗，指「芽身」。梗長，泡水色白味鮮；短，色黃。茶芽有數品：

1.小芽：小得像鷹爪雀舌，勁直纖挺，製成的茶叫「芽茶」。

2.水芽：宋人從小芽中再剔取小如花針的，蒸熟後置水盆中，叫做水芽。宋人用造「龍團勝雪茶」。

3.中芽：就是一個芽帶一片小葉的，古人叫做「一鎗一旗」。葉紫色的，叫「紫芽」。

4.白合：就是一小芽抱有兩片嫩葉的，古人又叫「一鎗兩旗」。

5.烏蔕：就是一個芽除內有兩片嫩葉，外又有兩三片老葉的。蔕，芽身與枝莖相連處。

茶芽以紫色好，綠色次；筝（初芽）好，芽次；捲好，舒展次。上述幾種以水芽最佳，其次小芽，再次中芽，至於白合、烏蔕，特別精製茶都剔去不要。白合不剔去，茶味就苦澀；烏蔕不剔去，茶色就黃黑。普通茶葉因爲包括白合、烏蔕在內，所以色濁味重，不如精選的色味之佳。

七、製茶

茶葉因製作不同，又分片茶、散茶兩種：

1.片茶：把茶葉製成茶餅，叫做片茶。飲時用淨紙密裹搥碎，碾成細末，用開水沖泡，其味易出。茶餅的製法，是把茶芽洗乾淨，置甑中，用沸湯蒸熟；但不可過熟，過熟顏色黃了，茶味就淡了；不熟顏色青，就有草生的氣味。然後用冷水淋洗幾遍，再榨去水分和油膏，茶味清遠濃厚。再經多次研茶，然後用模型製成方圓各種形狀，經過烈火焙乾，然後再經沸湯，如是三次；以後幾天再經六七次到十幾次溫火烘焙，最後再經沸湯，出色去黃，再扇乾，茶色自然光瑩。宋人所製龍團、鳳餅、石乳、白乳都是片茶。這些茶餅還加入香料如「龍腦」之類來增加香味。此外如雲南「普洱茶」，大的一團五斤，小的一小長方塊，也是片茶的一種。普洱茶膏黑如漆，醒酒最佳；綠色的還能消食化痰，清胃生津，功效尤大，成爲藥茶了。

2. 散茶：茶芽經過洗淨，然後入鍋乾炒，借火力促發香氣；但不可過熟，過熟香氣也就散失了，甚至枯焦了。先用文火焙軟，然後用武火急炒，以半熟爲度，等它香發，移置焙爐烘乾，冷了就成。像浙江的龍井，廣東的烏龍茶，都是散茶，至於像「香片」也是散茶的一種，用香花拌和，增加香美的。前人所用的香花，有木樨、茉莉、玫瑰、薔薇、蕙蘭、蓮、橘、梔子、木香、梅花，都可以作香片。摘取半含苞半放蕊的，因爲這時香氣已生而未散。香花和茶葉配合數量，大抵三停茶，一停花，一層茶一層花，交錯裝滿瓶罐，罐口用紙箬紮固，放進鍋裏，隔湯煮一煮。取出待冷了，再焙乾就成香片。如今只用茉莉花來製香片了。

我國的茶，由於茶色不同，又分做紅茶和綠茶兩種：

1. 紅茶：砌出的茶呈黃白色或褐紅色的，都是紅茶。製法是先用青茶略略晒乾，搏成團狀，蒸於日中，使現紅色，再搓散晒乾，焙乾即成。如武夷茶、小種茶都是。

2. 綠茶：茶色呈青白色或淡綠色的。先把嫩葉蒸過或炒過，到了帶黏發香的時候，就取出撒散，涼了再入焙爐，且焙且揉，乾了即成。現在的雨前、明前、松蘿、包種茶都是。

茶葉還可以和其他樹葉混合焙製，加入枳穀芽、枸杞芽、枇杷芽，能治風疾。又槐芽、柳芽，在上春時摘取，和茶芽一起焙製也可以。只有茅、蘆、竹、箬之類葉芽，不可加入。其他如椿、柿的芽葉，和茶芽混合，更加奇妙。

現在製茶的方法，進步很多。近年臺灣新型茶廠多用新式機器設備來製茶葉，技術和衞生都較前進步，若再能注意茶樹的品種，採摘的季節，芽葉的分揀，製焙的方法的研究與改良，就能夠生產上品的茶葉。

八、從茶鋪談到茶食

賣「茶葉」的當然很早就有。廣陵志傳就記有晉元帝時有一個老姥賣茶的傳說。西漢王褒「僮約」裏所記「武都買茶」，——有買茶的，當然也就有賣茶的——這就更早了。至於專賣「茶水」的坊肆比較晚了一些。據孟元老東京夢華錄，北宋汴京朱雀門外，就有「茶坊」。水滸傳中爲西門慶、潘金蓮做撮合山的王婆，就是在山東陽穀縣開茶坊，不過她除賣茶水外，還賣梅湯、薑茶。金陵的茶肆，最早見於記載的，是明萬曆間的「五柳居」；每天在此喝茶的客人，雖然不過幾位，卻都是當時的名流。後來各地的茶室逐漸多了起來，成爲一般人歇腳談天的地方，行商談生意的地方。各種行業幫會大多有指定的茶肆，作爲聚會的地點。行市的高低，貨物的買賣，事情的聯絡和商量，大都在茶肆裏談妥。儒林外史寫「馬二先生遊西湖」一段：西湖到處是紅炭滿爐的茶室；杭州城往城隍山的一條街上，賣茶的就有三十多處，可見明、清人上茶館風氣之盛了。

現在香港的廣東茶樓，當然也是過去談生意的茶肆演變來的；不過香港人因爲住的地方小，有的人三餐也都在茶樓裏過了。現在臺北市也漸漸有廣東式茶樓出現，很多人小宴親友，或假日打打牙祭，也都上茶樓去，大概是因爲風味比較特别罷了。不過這些茶樓裏的茶都是很普通的，只能「驢飲」，不能供人「清賞」，茶食雖頗精緻，卻也很油膩，多去兩次，就會教人吃厭了。當然一般人上茶樓的目的，只在一快朵頤，已不在品茗的雅趣；所以茶食都是燒乳豬、燒雞、燒鴨、燒鵝、豉汁排骨、山竹牛肉、叉燒包、炸芋角、粉粿、燒賣、千層糕、馬拉糕、蛋塔、布丁、……及各種滷味，粥粉麵飯，樣樣都有，要甚麼，有甚麼。這類廣東茶樓，賓客雲集，非常熱鬧。其實，茶食味要清淡，色要優雅，茶也要甘馨，飲茶的境地也要清靜，才能配合。理想的茶食，像羊羹、雲片糕、綠豆糕、棗泥粉粿、干絲、筍豆、粽子，……才可以尋出茶素樸的風味。

和二三素心好友，在客廳中共飲，一邊清談，一邊品茗，一邊吃著小巧的點心，是最有意味的事。好茶的清香留在齒頰，必定越談越有味，的確能鬆弛現代人生活的緊張。茶也宜於獨酌，砌一壺茶，在明窗淨几邊，一個人看書，或聽音樂，或寫文章，慢慢飲酌，也是極娛神寫意的，可以使境適心閒，忘記煩倦，而文思湧出。

九、談茶具

茶最忌油膩與其他的氣味，水壺、茶注、杯子都要洗乾淨，開口以待，不要倒覆木桌漆盤上；漆氣食氣都會影響茶味，破壞茶香。前人煮水多用錫製湯壺，現在多用鋁製的。茶注也要以不易受「他氣」的爲佳，可以用油瓷壺、粗沙壺。過去龔春茶壺很有名。粗沙壺要選火候夠的，才不會有生砂的土氣；明時大彬所作最爲有名，前後諸家，所不能及。茶壺以小爲貴；壺小則香不渙散，味不躭閣。茶壺越大越容易失香變味。沏一壺茶，三四人喝最好。當然，一客一壺，自斟自酌，也很有情趣。

茶杯，過去或稱「茶甌」、「茶甆」、「茶盌」、「茶鍾」、「茶盅」、「茶琖」，都是瓷製的。唐人以越州茶甌最有名，瓷青似玉，可助茶色；其次是邢州內邱白瓷盌。宋代建州茶有名，茶具也很講究。建窰兔毫紋琖，對於古人鬭茶特別合宜；因爲茶色白，注入黑琖，容易見出茶痕；鬭茶時候，水痕先退下去的輸，耐久的贏。一般的茶具，自然以白色爲上；宋宮用白色的銅葉湯甆。周益公的湯琖，注茶其中，就有雙鶴飛舞，啜盡就消失了。茶杯茶琖，常有許多描花圖案；如明永樂窰的壓手杯，中心畫雙毬，內篆「大明永樂年製」六字，細若粒米；此外也有畫鴛鴦，畫花兒的。杯外青花深翠，式樣精妙。明宣德年間製白茶琖，光瑩似玉，隱隱橘皮紋，內有絕細龍鳳暗花，底有暗款，爲一代的絕品。還有茶琖描畫「輕羅小扇撲流螢」，富有詩的情意。也有裏外畫花藤的，畫控珠龍的。也有畫雲龍的，畫暗花的。明浮梁昊十九的流霞琖，也極有名。清官窰脫胎塡白蓋碗，雍窰五彩蓋鍾，都是前代有名的茶具。我認爲茶杯以純白的最佳，最容易襯出茶色；其次用回青色的杯子。好茶，杯子要小。今天許多人喝茶大都用玻璃杯，每次倒半杯好茶，透出淡綠或褐色的色彩，再加撲鼻的清香，入口的甘冽，你就可以想像飲茶的這種趣味了。

十、茶道

㈠煮茶和沖茶

好茶的香味，借水而發。從前人認爲必須用新鮮澄澈的水泡茶。杭州人以「虎跑」、「龍井」二泉沖茶，最是芳冽甘腴。還有人掃香雪烹茶，有的取梅花盛放時的白雪來沖茶，也有的取松樹下面的白雪來沖茶，以爲「寒爐捧雪烹」，「看煮松上雪」，可以增加茶香。還有用舊年的雨水烹茶。這都是古人講究的地方。其實泡茶的水不必這樣費事張羅。不過貯水的器具倒是要加注意的，用松杉木桶或塑膠水缸都不好；那塑膠、松杉的氣味，很容易被水吸收，影響茶味。用玻璃瓶、瓷甕貯存沖茶水最佳。水只要新鮮乾淨就行了，隔夜貯的水多會減低新鮮的程度。

古時喝茶的名家對於煮水沖茶也特別講究，有所謂「三沸的湯候」。——他們認爲水開得快就鮮嫩，開得慢就老熟，而且有湯氣，所以水倒進了壺子，就應該先用猛火急煮，等稍稍有了水聲，湯水鱗鱗泛起，水泡小得像蟹眼，慢慢大的像魚目散佈，聽來好像風聲松濤，這是「初沸」。這時就掀開蓋子，消其老熟。然後水泡累累像細珠上升，四邊的微濤泉湧，這是「二沸」；用來沏茶，最是「當時」。若到鼎沸無聲，這是「三沸」；雖水氣全消，但湯也老矣，水香也散矣。唐代皮日休煮茶詩說：

「香泉一合乳，煎作連珠涕。時看蟹目濺，乍見魚鱗起。聲疑帶雨松，餑恐生煙翠。儻把瀝中山，必無千日醉。」（餑，浮泡。）

蘇東坡煎茶歌也說：

「蟹眼已過魚眼生，颼颼欲作松風鳴。蒙茸出磨細珠落，眩轉遶甌飛雪輕。」

都是寫煮水的情形。古人特別講究湯候，講究茶量，水沒開沖茶，茶就上浮，過熟了就沈底。茶量少，湯水多，茶沫就像「雲腳散」；湯水少，茶量多，就像「粥面聚」。茶葉的用量也要注意，一人量用茶葉五分，開水半升。人數增加，茶量水量都照比例增加。

泡茶的方法有兩種：一種是泡茶時候，先把茶握在手裏，一邊倒開水進茶壺，一邊隨手投下茶葉，蓋上壺蓋。一會兒倒出一些茶水，再倒進壺子裏，以動盪香韻，使茶色鮮勻。再一會兒，倒出飲啜，就清嫩甘滑，馥郁撲鼻了。還有一種泡茶法，是先把茶葉投入茶壺裏，然後倒入少許開水，等開水茶葉相投，就倒水滿壺，茶葉就像雲腳一般的散開，乳花浮面，保全了茶味。茶要趁熱喝，所以說「熱茶」，若「冷」了飲，好的茶也就飲不出「好茶味」來了。

三人以下可泡一壺「好茶」；人多了就不妨用「中茶」，好茶泡得多，也喝不出甚麼味道了。

(二)啜茗

一壺茶只堪斟兩次。第一次茶味鮮美，第二次甘醇，第三次意味就盡了。所以獨自斟酌，茶壺要小；小就香氣氤氳，大約半升剛好，到第二次就完了，使餘芳剩馥，保留葉中，飯後供飲啜漱口。要是用大壺泡茶，第一香氣容易散溢，同時稍停茶冷，也就喝不出甘鮮之味；而且茶多泡久，茶味就不免變得又濃又苦。又怎知道風味的好壞？茶宜常飲，不宜多喝。所以妙玉說：「一杯爲品茶，兩杯是解渴，連喝三杯便是飲驢了。」當然這說的是在恬適優閒時很雅致的品茗；現在我們喝茶未必都能如是，但是也不宜作「驢飲」。

大抵好茶入口，先微漱一下，然後慢啜，等甘津潤舌，也就品嘗得香茶的眞味了。尤其是在談話渴了，讀書倦了，工作慢滯了，心境煩亂了，飲飲好茶最好，可使心肺清涼，口渴頓失，效率增加，靈思湧發，煩鬱消釋。在紅茶中，加糖或牛奶，作冷飲也不錯。茶是色香味俱備的一種飲料，而且雅趣獨多，所以人人都應該養成飲茶的習慣。

（原刊於民國六十三年九月六日至十三日國語日報）

「印章」的面面觀

一

過去，印章對我來說，只是領有限的薪水，取掛號信，塡些什麼表用的，還有孩子成績單發回來時候，我在家長欄蓋上一個章，表示看過了。其用途僅此數項而已，再沒有什麼重要的地方好用了。印章的好壞，我從未在意過。有一次，開書店的朋友要送我一册印譜，印的很講究，我翻了幾頁就放下，八開的版面就只印了幾個印章，又沒有什麼說明，這實在很浪費，而且看又看不懂，心想這種書除了「擺架子」外，實在沒有用處，所以也就藉故婉謝了。

直到了八九年前，「陶潛詩箋註校證論評」快要出版的時候，汪雨盦兄給我送來畫家江兆申先生篆刻陶句的四個印樣；我細細端相了半天，覺得刻得渾厚自然，頗有意致；這才使我領受到篆刻的藝術美，就決定把它作爲底頁封面的圖案。以後，許多朋友見了我，也都說古樸有味。後來又一次，我參加張道藩先生的紀念會，主辦單位送我一册「道藩藏印譜」。回來，把玩欣賞，進一步覺得中國印章的確有其令人喜愛的地方。因而誘使我一讀這類專著的興趣，借回一些談篆刻的方法，如清陳目耕的「篆刻鍼度」；彙集各家所刻的圖章印譜，如明顧從德的「集古印譜」，清汪啓淑的「飛鴻堂印譜」，陳介祺的「十鍾山房印舉」；還有刻印名家的小傳，如清周亮工替他自己所編「賴古堂印譜」中諸人作的「印人傳」，汪啓淑作「續印人傳」。我讀了這些有關印章的書籍後，增加許多有關印章的常識。這時，再去看「道藩藏印譜」，又平添了一些趣味；對家岳伯雄公贈送我一方鷄血紅石印，七姨妹巧容贈送我一盒八寶印泥，也就深感他們的隆意厚誼了。

原來印章在我國由來已久，國人對印章的源流、材料、刻法、印泥，已有種種論述；現在，我就這篇短文作個簡單介紹吧。

二

趙汝珍說：印章的產生和古代佩玉的習俗有關。古人用溫潤的玉來象徵君子的美德，許多人隨身佩帶個小玉石，成爲一時風尚。有講究一點兒的，就在上頭雕琢些精巧兒的花樣，像蟠龍、老虎、獅子、駱駝、辟邪、烏龜、兔子、小魚、水鳧、瓦片、鼻子，再鑽個小孔兒，繫一條絲帶子，好掛在腰部革帶上。當然，又有些人害怕遺失了，就在另一頭刻上姓名與官職；這一種飾物慢慢流行了，就成爲代表身份的一種信物。這大概就是印章的萌生歷史吧。各種職位都有它璽印；所以蘇秦遊說六國合縱成功，就佩帶六國相印，作爲印證。印上的小花樣，叫做「印紐」，又叫「印鼻」；絲帶子，叫做「印綬」。後來做印章的材料，不只限玉石，還有用金、銀、銅、鐵的。史記蔡澤傳就有「懷黃金之印，結紫綬於腰」的話。印章既成了地位與身份的憑證物，價值也就提高；要是做官的遺失了大印，那就非常麻煩了；不做了，也就要繳交出來。像秦國滅亡了，子嬰投降的時節，就將「天子璽」交了出來。

秦始皇璽，是用「和氏璧」做的，由丞相李斯書篆，玉人孫壽雕刻，共有六顆，方四寸，璃紐。其中一璽，文曰：「受命於天，既壽永昌」；從璽上文字，可以看出這一種「鳥頭雲腳」的刻法，眞是有趣得很，也不用說精妙極了。秦朝以前的印章，稱璽稱印，沒有什麼限制；始皇以後，只有帝、王的印才能稱「璽」；唐武后改稱「寶」；清朝也稱「寶」。其他的官印則只能稱「章」稱「印」，而且不能用「玉」作爲印材。漢朝以後，歷代的印信各有其規制，代表不同的職等。譬如漢朝皇帝玉璽螭虎紐，文曰「皇帝之璽」、「天子之璽」；王金璽駝紐，曰「某王之璽」；列侯稱「印」，丞相、將軍金印龜紐，文曰「章」；二千石以上銀印龜紐，千石以下銅印鼻紐，都叫做「印」。明代御史用鐵印。明太祖時有長方形「關防」，將金印分做兩半，用於勘合，行移關防；這大概是由「騎縫印」演變來的。清朝又有方形木「鈐記」，給佐雜的官吏使用。現在，代表我國國家與政府的印信，有「中華民國之璽」，對外國用；「總統之印」，對國內用；「中華民國榮典之璽」，授勳、嘉獎、褒揚時用。政府中永久性質的機關，由政府發給方形大印，文曰「某某機關印」；臨時性質的機關，發給長方形關防，文曰「某某機關關防」；另有主管職章。依據公司組織法設立公營的機構，由主管機關發給「圖記」。官印的情形，大抵如是。

至於私人的印章，名堂比較多，更饒有趣味。自漢朝有了私章之後，逐漸盛行，早先只刻姓名，有「印」、「小印」、「圖章」等名稱，多用在信函上，形式大都為方形。唐宋以後，有齋名、堂號、表字、次章之類的圖章，除方形外，還有長方形、圓形、橢圓形、葫蘆形、不規則形，用在書畫上。從前收藏圖書與書畫，原沒有印記；宋元以後，始興此事；篆刻印章如「某人家藏」、「某人珍藏」、「某人鑑賞」、「某齋（堂、室、樓、閣、館）圖書記」，蓋在所藏的書、畫、圖書上面，作收藏鑑賞標記。如宋人畫「鸜鵒梅竹圖」，上面就印有宋「天籟閣印」、明收藏家「項子京印」、「項子京家珍藏」、「項墨林鑑賞」、「清夜無塵」等印。張道藩先生的藏印中，有「鳳城張氏所得金石書畫之記」、「道藩珍藏」。「思雪樓珍藏」，也就是這一類的印章。還有一些書畫家，他們常取古人的成句，或自作聯語短句，用做書畫上「引首」、「押腳」的用印；如江兆申取陶淵明「閑情賦」中成句「棲木蘭之遺露，翳青松之餘陰」；張道藩與蔣碧微所合作「百忍家風從小忍，三民主義作新民」也就是這一類的圖章吧。當然這一類圖章，刻得好也可以純作一己的把玩，取義好也可以用作自勉的座右銘。「姓名印」的刻法，雙名的多用回文寫法，如「張印道藩」；也有順寫的，如「張道藩印」；也有不寫「印」字，姓一行，名一行，如「張道藩」；也有單刻鄉籍姓名，如「鳳城張氏」；也有單刻名字，如「道藩」。已故立法院院長張道藩先生，也是一位藝術造詣甚高的畫家，又愛好刻印藏印；這裡所引為例的各印，是當代名家齊白石、傅抱石、張嶧陽、陶壽伯、馬公愚所刻，也可用作紀念先生之意。

三

印上刻的文字，有「白文」與「朱文」兩種。

印章到了秦朝以後，不只用於代表身份，也用來鈐蓋文書了。但是早先的公文是寫在竹簡木牘上，寫好後裝在木函裏，再用繩子作「十字形」把它綁好，並在繩子打結地方，用黏性很強的紫泥封緘，再在泥上加蓋玉璽；這大概就是史記中所謂「璽書」。這跟今天用火漆封印的辦法相似。稍後才寫在白絹綵繒上；像漢人古詩所說：「欲寄一言去，託之牋綵繒。」但寫好後，裝在錦囊中，也仍然是用膠泥封緘的。所以秦漢魏晉時代的印章，上面刻的文字，大都是凹下去的「白文」，印在泥上，泥就凸起成了陽文；現在，印在紙上，就顯出白色的字痕，俗稱「陰文」。東漢蔡倫發明紙張之後，六朝人漸漸用紙上書寫信，自然無法用泥封信，才改用水印，用朱丹和膠水製成顏色淺紅的印水，印章醮水，蓋在紙上，因此就產生「朱文」的印章，文字凸起，俗稱「陽文」；只用在公文書信上。唐人的印章多作朱文。以後才用圖章蓋在書畫上。到宋爲盛。明成祖永樂中，才發明印油，價極昂貴。那時除了皇家、王公、大臣、文士外，一般人仍多用水印；直到清末還是如是。

自發明印油後，製法日益進步，製法甚繁，但那是製印油專家的事。印油主要是由茶油（也有用脂麻油、蓖麻油、菜油）和硃砂（或銀砂）、艾絨（或燈心草、木棉、竹茹）研製而成。過去文人常在書畫上用印；還有古代傳下來的書畫，收藏家也常常在上面加蓋收藏或鑑賞的圖章，以增聲價與美觀；印色要是不鮮麗好看，反而有損書畫的價值，書畫家收藏家不但注意印章篆刻的精妙，還有講究印油色澤的鮮麗。過去以福建漳州所產的「八寶印泥」最爲有名，清代列爲貢品，據說是用珠粉、辰州硃砂、眞蠟紅寶石屑、赤金粉、石鍾乳、珊瑚屑、車渠粉、水晶粉八種細研，另用陳年晒油、艾絨，經過半年九度調研製成，印在紙上，文字突起若玉，鮮紅可愛。

我們選購印泥的時候，要注意印在紙上，要鮮紅爽朗潤潔清楚，自然有神，而且要容易乾，不走油，不暈紙，不黏印，才算好印泥。由於印泥好，無論白文、朱文，印在紙上都非常漂亮了。

四

用作刻印的材料很多，有金、銀、銅、鐵、玉、瑪瑙、水晶、磁、象牙、牛角、黃楊木、石頭等，因質地堅軟柔滑不同，刻來有難有易，刻成的印文神味也就不一樣了。大抵金印、銀印，性質太柔，清汪鴻說：「刻金最難，必須經過三四次修改，才能刻成一畫。」刻文因此大都光滑無鋒，少有鑑賞的價值。今人在金戒只刻私章，蓋取攜帶方便，不會遺失。銅印、鐵印，以刻朱文較壯健有味，歷時久了，就爛銹損壞，鐵印尤甚，用的人不多。漢朝的銅印、鐵印流傳至今，因銹爛刓缺，故多蒼古意趣，反而為刻印家所摹倣。玉印、瑪瑙印、水晶印，硬度較高，比較難刻。瑪瑙剛燥，水晶光滑，一般刻來都很難刻得佳妙。玉印，宜用大白文，刻得平正端莊，自然溫潤有神，古雅有味。象牙印、牛骨印、黃楊木印、石印的質地比較鬆軟，容易用刀雕刻。象牙宜於刻朱文，刻工深細，比較好看；若刻白文，不但無神，且易流於呆板。牛角印亦宜刻朱文，不宜太細，文字太細容易歪斜。木印無論刻朱文、白文，都板滯無神。至於石印則不然，無論刻朱文、白文，只要刻得好，都富有神趣。

古人不用石印，到了唐宋才有，都是用作私章。元明畫家王冕用花乳石作石，明朝名士文徵明用凍石作印，文字潤澤有致，別有一種筆意丰神。後人用石印的很多，好印石的色彩已經很美，又像美玉的光潤明亮，看起來確實教人動心。常用作印石的，有福州壽山石，白的明瑩，黃的透熟。寧波大松石，文采流麗，間有黑斑。青田燈光凍，好的通體明瑩，燦若燈輝；魚腦凍，色白如魚腦；黃色凍，色類蜜臘。杭州昌化石，以純雞血紅最佳。此外，還有莆田石、楚石、大田石、萊州石、綠松石、丹砂石、房石、豐潤石等等，都可以用作印材。石印雖然易磨易刻，只是不耐久，極易磨損碰壞，朱文損邊，白文爛地。

唐宋以後，也有燒磁作印，先在磁土刻上文字紐式，然後燒製，極爲巧妙；也有就已燒好磁印上刻字，字體大體稍細，也耐人賞鑑，如「張道藩印」，就是白磁土燒成，上有獅子紐。

五

雨盦兄對我說：「印章雖是小道，在我國已經相傳了二千多年，成了一種藝術；講究起來，也可以增加生活的趣味。」自秦、漢至今，由印章用途的演變，刻印材料的擴展，印泥色澤的改良，印紐雕琢的精緻，都可以看出追求美感的一面。當然最重要的一點，還是篆刻的藝術問題。印譜雖然可以提高我們欣賞的境界，但我們對篆刻方法再能有一些基本的認識，更可以提高我們品鑑的尺度了。

歷代刻印的字體與刀法，據「孫氏印存」所列，有三墳書、殳書、大篆、小篆、秦文、繆篆、象形、玉筯文、虎書、龍爪書、雲書、廻鸞書、鳥書、蝌蚪文、魚書、蟲書、鐵線文、繡銅文、懸鍼文、皷文、倒薤文、蚊脚文、偃波文、柳葉文、鳥書合滕公文、垂露文……等。刻印家都注意字體、筆法與布局大抵「大篆」要求自然有神，圓不至規，方不至矩。「小篆」要求古樸而靈動，雖說「一點一畫，不拘矩度」，卻要做到「文如鐵石，勢若飛雲」。若用「漢隸」，摹倣古人八分書，就可得體。至於刻法有纖直如懸針；瘦健像鐵線；頭尾尖細，形狀好像柳葉；刓損蒼古，好像銅爛鐵銹；糾結又蜷曲，叫做「繆篆」；筆墨多折疊，稱爲「九疊」；文字忽斜忽正，有曠達的意趣；筆畫有稀有密，力以勻稱爲佳。白文要肥不臃腫，瘦不枯槁，務求古雅壯健；朱文太粗就俗氣，多曲就呆板，務求流動有神。筆法的輕重、屈伸、去住、粗細、強弱、稀密，曲直都要各中其宜；以使整個圖章上面的文字長短合度，粗細適中，橫直稀密，相依貫連，都非常得體適當，曲就宛轉有情趣，直就剛健有精神，入目大方美觀，自然神妙。這就堪稱上品的印章了。這裏由選錄各種精妙的印章圖例，大家也可窺見一二了。

（原刊於民國六十九年六月二十六日青年戰士報）

中國戲劇

一

記得小時候，故鄉的人遇到祭神祀祖，壽誕宴集，就常常演戲。神廟與祠堂裏都有戲臺，和戲園差不多，看戲的坐在臺前的戲廳或樓房上觀賞。壽誕宴集，叫小戲班到家裏演，臨時在空地上搭座戲臺，也有的在大廳上鋪一塊紅氈，就在上面串演。家人內眷，親戚賓客在飯飽酒酣之後，大家喝著龍井，繼續欣賞幽絲豪竹，吹吹打打，男優女伶，將古來悲歡離合的故事搬演了出來，確也能教人神怡心醉。

二

我國的戲劇，有人說產生於北齊（五五〇——）。那時已經有人利用歌舞來串演簡單的故事，像「踏搖娘」就是演時人蘇鮑鼻喝醉了酒毆打老婆，老婆向鄰人訴苦的情狀。到了唐朝，玄宗皇帝懂得音律，又愛作曲；開元二年（七一四），他設置左右教坊，並在長安太極宮西設立梨園，選伶人子弟三百人，親教法曲，後來又選宮女幾百人做梨園弟子，在宜春北苑，加以訓練，大規模演唱歌舞戲。如霓裳羽衣曲，演月宮中的仙人數百，素練霓裳，舞於廣庭。這時又有參軍戲。後人推尊唐玄宗爲我國戲劇的鼻祖，稱戲子做「梨園子弟」。

宋朝的教坊共有十三部，已有雜劇色。遇到皇帝大壽之類的節日，在汴涼（今河南開封縣）集英殿樂棚，雜劇和其他百戲一起演出，前後兩場。每一場分豔段和正劇兩段。兩場共四段，繼歌舞節目之後演出，由四、五個腳色唱曲打諢，配合樂舞，扮演故事，資人笑樂。蘇軾東坡樂語就說：「欲佐歡聲，宜陳善謔，金絲徐韻，雜劇來歟！」民間也有雜班在瓦肆中搬演散段雜劇。教坊大使孟角毬曾編雜劇本子。神宗熙寧九年（一〇七六），太皇太后生日，教坊演出獻香雜劇，伶人丁仙現扮飾道士出神，說他到了地獄看到已故的判都水監侯叔獻欲興水利，圖恩賞，來反映民情，諷刺世務。當日還有用「鼓子詞」說唱故事，如安定郡王趙令畤作商調蝶戀花詞十二首，配合元稹「鶯鶯傳」的傳文，唱說張生與崔鶯鶯的愛情故事。鼓子詞，是唱一段曲子，又講一段故事，用鼓或琵琶伴奏；因用同一曲子，反覆歌唱，單調少變化；這時孔三傳首先加以改良，創製「諸宮調」。他利用同一宮調的幾支不同的曲子，編成一套套曲，再跟其他宮調的許多套曲，組合成一個長曲，用來唱說一個完整複雜的故事。

宋朝南遷臨安（今浙州杭州）後，這些民間的劇藝部分遺留北方，成了金、元的院本。由倡妓在行院中演唱雜劇，唱本叫做「院本」。不過，唱曲、表演完全分開，所謂「唱者在內，演者在外」。

元陶宗儀輟耕錄所載院本多達六百九十多種，內容極廣泛，其中不乏舞曲，但像「赤壁鏖兵」、「刺董卓」、「蘇武和番」……等自應屬於戲曲。諸宮調，到金章宗朝（一一九〇　一二〇八）有董解元作「西廂搊彈詞」，採用的套曲，多達一百九十三套，把鶯鶯傳的故事，穿插了許多悲歡離合的波折，最後團圓結束，由歌者彈著琵琶或三絃來念唱，纏綿悱惻，成了諸宮調中最偉大的一部作品。

到了元朝，文士在異族統治之下，不能在仕途上求發展，多寄懷於寫作戲曲。雜劇發展到了這時，已到了完全成熟的黃金時代，有完整的故事，動人的情節，有曲詞、賓白、動作，與「院本」分而為二。雜劇每天在勾欄裏演出，仍承宋雜劇前後場四段的形式，每本戲都以四折為限。偶然也有五折，如紀君祥的「趙氏孤兒」就是。萬一故事比較長，就分成幾本，像王實甫的「北西廂記」五本二十折。每本戲限由主角（正末或旦）一個人主唱，其他腳色只管說白，沒有唱詞。主角一人唱，很吃力，自無法過長；但也因折數少，結構比較嚴密，情節比較簡要，叫做「北曲」。作品很多，見於著錄的有六百多本，作家有一百多人，著名的有王實甫的「北西廂」、馬致遠的「漢宮秋」、關漢卿的「竇娥冤」、白樸的「梧桐雨」等。明臧晉叔的「元曲選」，精選元人雜劇一百種，是研究元曲的一部重要的書籍。

宋人南遷後，也把這種戲曲的藝術帶到臨安，帶到江南。瞽女撥彈琵琶，唱說故事，叫做「陶眞」，猶諸宮調。雜劇由於受南方音樂的影響，形成了「南曲」，叫做「戲文」，有「小孫屠」、「張協狀元」等。據周密「武林舊事」所記官本雜劇段數就有二百八十本。南戲不像北方雜劇，只限主角唱，而是由劇中每一個腳色分擔演唱，戲文過長也沒有關係，發展到元末明初，南曲就有一部幾十齣的大戲出現。情節曲折奇異，所以叫做「傳奇」。像南宋陸放翁詩說「負鼓盲翁」在「趙家莊」唱說「蔡中郎」的故事，到了元末就成了高則誠的「琵琶記」，長達四十齣。傳奇今有明毛晉編「六十種曲」。除「琵琶記」、「北西廂」、施惠的「幽閨記」爲元人作品外；其餘都是明朝人的作品，著名的有徐𤫞的「殺狗記」、朱權的「荊釵記」，湯顯祖的「還魂記」等。但因齣數過多，結構難免鬆弛，情節缺乏剪裁，有許多是沒有演唱的價值，戲臺流行的常是其中最精采的幾齣罷了。清人編的「綴白裘」，就是這種好戲的精選本。明人作的雜劇也很多，有五百多種，佳作亦多，像徐渭的「四聲猿」，可媲美元人。明沈泰編「盛明雜劇」，是明朝的雜劇一大結集。

清代的雜劇與傳奇，名作輩出，作家「無不力求超脫凡蹊，屏絕俚鄙」，雜劇有吳偉業的「通天台」、尤侗的「讀離騷」等。近人鄭振鐸編有「清人雜劇」，二集共收有八十種。傳奇最著名的有洪昇的「長生殿」與孔尚任的「桃花扇」，人稱「南洪北孔」，爲清代戲曲的雙璧。李漁的「十種曲」也風行一時。

三

過去我國的戲劇屬於「歌劇」，由於唱法不同，有南曲與北曲的分別。北曲用絃索彈唱，字多調促，唱來渾脫瀏亮；南曲以簫管伴奏，字少聲繁，唱來婉轉清揚。到了明朝，學唱戲的以浙江的海鹽、餘姚，江西的弋陽最爲有名，產生所謂海鹽腔、餘姚腔、弋陽腔。海鹽腔用拍板爲節，唱腔優美；弋陽腔用鑼鼓爲調，勇壯喧噪。到明嘉靖初（一五二二—）崑山（今江蘇崑山縣）魏良輔，先學北曲無成，轉而專心學習南曲十年，改變弋陽、海鹽的舊調，另創一種新唱法，開口輕圓，收音純細，四聲婉協，頭腹尾唱來非常勻稱，以拍板擊節，用笛子、洞簫、笙、琵琶、月琴伴奏，以笛聲爲主體，唱腔流麗優美，悱惻婉轉，極悠遠動聽，叫做「崑腔」。梁辰魚作「浣紗記」，演范蠡、西施事，唱詞大都爲長短句，用崑腔譜曲演唱。這就是王世貞詩所說：

「吳閶白面冶游兒，爭唱梁郎雪豔詞。」

崑曲在海鹽、弋陽、餘姚三腔之上，逐漸流行南北各重要的都會，北曲的唱法也因此衰落，逐漸崑曲化。

清康熙中，洪昇的「長生殿傳奇」，演唐明皇與楊貴妃的愛情悲劇，北京的內聚班就以崑腔在宮廷中演唱。乾隆時崑腔在北京稱爲「雅部」，其他諸腔如京腔、秦腔、弋陽腔、梆子腔、羅羅腔、皮黃腔、統稱「花部」。花部除弋陽腔受崑腔長短句影響外，其他各腔的唱詞大都用七字句或十字句。有些戲班混合花部與崑曲諸腔的唱法，打鑼敲鼓地演唱，叫做「亂彈」。亂彈腔在唱了一句一段後，在唱詞以外，有一個音樂獨奏，叫做「過板」。這是崑腔唱法所沒有的。嘉慶時，崑腔猶盛。但因崑曲唱時的聲音極細，戲文文雅，舞姿優美，早先爲文士貴族所喜愛；可是戲曲逐漸通俗化，成爲市井大衆的娛樂，崑曲逐漸不受歡迎。道光時弋陽腔又再興起，採用崑曲戲文，改變音節，稍近俚俗，流行北方的高陽（今河北高陽縣）、北京一帶，叫做「高腔」。這可說是崑弋合演，以弋腔爲主；也不爲時人所歡迎。湖北黃岡、黃陂二縣的「二黃調」，流行湖、廣、安徽，唱腔高朗悅耳，總名「漢調」；由安徽戲班傳到北京城裏，道光末又吸收了山、陝的秦腔（梆子腔）激昂悲壯的「西皮調」，形成「皮黃腔」。一說「皮稱黃陂，黃稱黃岡」。皮黃戲的文場用笛、胡琴、三絃、月琴、喇叭……，武場用鼓、鑼、鐃、鈸……各種樂器演奏，所演戲又多「四杰村」、「叭蜡廟」跌打戲，演員又多，有時一場二三十人，唱詞淺俚，調子緊快，容易聽得懂，又十分熱鬧，自然受人歡迎。再加咸豐、同治間（一八五三——一八六四）太平天國攻陷金陵（今南京），南北交通隔絕，擅唱崑曲的蘇班伶人很少前去北京，在北京的崑腔的技師名伶逐漸老死，繼起無人，北人唱崑曲又很難合拍。到了光緒時崑曲已經沒有人演唱了。皮黃調，原由安徽人入京演唱，像程長庚挾技到了北京，成爲名角；後來北京人學唱得更好，並用天津調與徽音混合，又吸收了各種戲腔的唱法，如慢二六、四平調，又有快板、慢板、倒板、搖板的唱法，文戲又吸收崑曲的鼓點、牌子的特點，武戲又吸收梆子腔的對打的武技；又吸收了我國百戲中種種舞姿，如擲棍、拋槍、拈鞭、轉鐗、舞劍耍刀、翻筋斗；又根據通俗小說如施公案、七俠五義、水滸傳……之類，編排新戲，如八大拿、鐵公雞、打漁殺家、武家坡、女起解……等。唱詞概爲七字句、十字句，間用五字句、長短句。如「洪羊洞」，外扮楊繼業鬼魂唱原板二黃調：「我楊家，保宋主，忠心秉正」。焦贊唱西皮快板：「俺焦贊，施鋼鞭，保定乾坤」。十字句都是作三三四唱法，和崑曲的長短句不同。像「西廂記」中的拷紅，就是崑曲的唱法。因爲北京人唱「皮黃調」的多了，南方人反轉而叫它做「京戲」了。

四

我國的戲曲可以說是歌舞劇，配合一部分說白，主要是以歌舞爲主，因此與音樂、舞蹈分不開，特別講究唱工說白，身段臺步，科介舞姿。如貴妃醉酒，啣杯作折腰舞，備極醉態之美。但這些科介舞姿，多屬象徵性、程式化；這跟舞台設計的簡單，沒有什麼佈景，只有一些小道具（砌末）有關，所以只能靠虛擬性的科介動作來表達。如用揮鞭表示騎馬，划槳表示行船，紅門旗包紗帽胎表示人頭，帶桿門旗一捲背在背上便稱行囊，開門、上樓、過山、涉水、穿針、縫衣、做鞋、摘櫻桃，純由演員的手勢動作來表示了。棄衣地上，代表屍身；低頭翻入，表示落井，繞場一周，表示走了好幾十里路，這都只是靠「看官」的意會了。還有用唱詞說白來描述場景的，附帶做著佈景的工作。如湯顯祖的「還魂記」驚夢中，演杜麗娘與婢女春香遊園。貼扮春香行介：「你看，畫廊金粉半零星，池館蒼苔一片青，踏草怕泥新繡襪，惜花疼煞小金鈴。」旦扮麗娘：「不到園林，怎知春色如許！」這是西方戲劇所少有的現象。

這種沒有佈景的情況，很早就有戲劇界的人士，想加以改良。明朝人張岱在「陶庵夢憶」中，談到劉暉吉演出唐明皇遊月宮的佈景，說：

「場上一時黑魆地暗，葉法善手起劍落，霹靂一聲，黑幔忽收，露出一月，其圓如規，四下用羊角染五色雲氣，中坐常儀、桂樹、吳剛、白兔搗藥，輕紗幔之。內燃賽月明數株，光燄青藜，色如初曙。撤布成（橋）梁，遂躡登月窟。境界神奇，忘其爲戲也。」

像劉暉吉這種佈景，在當日的確少見。不過，前清內廷演戲，也很講究佈景道具。但民間的戲場仍保持著傳統的作風，京戲除了一兩張桌子、幾把椅子和一些小道具外，便沒有什麼佈景與道具了。

五

我國的戲劇，到了清光緒時，受到外國戲劇的影響，產生了「話劇」。我國的戲劇走上「話劇」與「歌劇」兩條不同的道路。

（原刊民國六十八年六月國立臺灣師範大學「學術專題研究」第七輯）

夏日炎炎談考試

梁實秋先生說：「讀書而要考試，這是人生苦事。」我想，世上大概尚沒有人喜歡考試，我當教員也快近三十年了，不但我自己不喜歡考人的試，不得已看學生的試卷，也總覺得時日難過。

六、七兩個月，可以說是最忙碌的考季。各級學校大都在六月舉行期末考，七月是高中職校專科大學聯招考試，考試院舉辦的高普考、特種考試的時候。像聯考、高普考之類的集體考試，每次都是好幾萬人參加。去年參加電信人員特種考試的就有七萬人左右；現在報考七月「一、二、三」三日的大學聯考的，有七萬八千多人；五、六兩日軍校聯招也有一兩萬人；十三、十四兩日參加北區五專聯招考試的高達十一萬六千多人。這都成了家家所注目關心的焦點。考試，在我國人的生活中是一項非常重要的，所以洪邁把「金榜掛名時」和「他鄉遇故知」、「洞房花燭夜」並列爲人生三大得意的事情。

我們從國小，到大學，到踏入了社會，無不是身經千百次考戰的老兵。學校有入學考試；進入學校後，有小考、月考、期末考；畢業班另外有模擬考、畢業考。初高中畢業，又有升學考試。大學畢業，若要深造，又要考研究所，考托福，考留學，研究生又有碩士、博士的論文考試。若想謀職，又常常先要參加公司、工廠、政府機關的職業考試。步入了社會，有的人又參加普通考試、高等考試、特種考試，以取得某種專業資格以及職位。獲得工作之後，要想升遷，有的機關還得參加升等考試、職等考試；資格不合的，還要參加現職人員銓定資格的考試。沒有學歷或某種資格的，還要參加檢定考試，及格就可以取得某種專業人員的資格，如教師檢定考試、中醫師檢定考試；或取得應考某種考試的資格，如普考、高考的檢定考試，及格後就可以參加普通考試或高等考試了。

談到考試的方式，大抵有筆試、口試、演作試、品資測驗及審查著作、設計及發明等等。規模稍大的考試，像學校的學科與招生考試，考試院舉辦的普通與高等考試，政府機關舉辦的徵求人才的職業考試，都是應用筆試的方式；這不但節省費用與時間，也可以避免人情的包圍。大專語言科（如英語、國語）考試，研究所碩士的論文考試，約聘教授，公司行號招考中、高級人員，政府機構任用高階層人員，大都採用口試或面談的方式進行，由直接的晤談問答，可以測定對方語言的發音與表達的能力，專門知識與才能的高下，還可以看出對方的談吐、應對、機變、儀表與性格種種方面的特徵。學校技能學科的考試，機關工廠公司招請專門技能與技術員工的考試，大都採用演作式的考試；如報考師範大學音樂科，就必須演奏樂器，美術科就必須當場作畫；應考公司的秘書小姐，就必須打字作速記；當司機就要開車看看；要當演員就要試演，說幾句臺詞，作幾個哭笑的表情動作；想做歌星，就要當著主考人，搖搖擺擺，試唱一曲；要作老師，也要登臺試教一番；機械員也要操作機器，表示能夠運用自如，大體是水準愈高，被錄取的機會也就愈大。品資測驗，師範畢業生的教學實習，科技人員的到工地實習，公務人員短期試用，由他們的教學情況，工作設計，公務處理，分組討論，主考人在暗中靜觀，而評定他的表現與成績，這就是現代所謂「品資測驗」。審查一個人的著作、設計與發明也是選拔人才的一種方法；如聘請大學教員，多由他的著作，劇作家多由他的劇本，服裝設計師多由他的設計圖，工程師多由他的發明，來決定聘不聘用。現代的考試已不再限於筆試，可以透過種種方式來進行。我們要想在現代競爭激烈的社會裏謀職做事，就必須提高我們自己的學識與能力，才能應付各種方式的考試，獲得理想的工作。

梁實秋先生說：「讀書要考試；這是人生苦事。」我想世上大概尚沒有人喜歡考試。我當教員也快近三十年了，不但我自己不喜歡去考試，也不喜歡考人的試，不得已看學生的試卷，總覺得時日難過。過去，在家裏看兩個孩子爲應付平日考試，每天都要苦讀到深夜，眼睛近視了，戴上三四百度眼鏡；臉頰瘦削了，總教人憐惜，每次學期一結束，總要小病一場，但也不能教他們放棄不讀。在大學聯考的前夕，他們焦慮、不安、失眠；考時緊張極了；事後老二對我說：考卷一發了下來，肚子就不知爲甚麼發痛了起來，讀過的好像都不太記得，手指也僵硬，作答速度也變慢了，考後，他們等待發榜，整日鬱鬱不樂，默然無言，眞教我替他們懸心。那一年，老大考上了淡江大學航空工程系；老二落榜，沮喪之極，愁苦失魄就掛在臉上，整整個把月如是。我也不知如何安慰他！眼看他不能振作，只得把他狠狠的痛罵了一頓；他這才從失敗中重新站了起來，準備第二年重考。現在，想到在這「赤日炎炎似火燒」的時候，許多青年在考場中汗流浹背，低頭作答；我只能祝福他們，成功固然很好，就是失敗也要抱「無所謂」的心境。不要頹喪，不要悲哀，不要自己迷失，自暴自棄，成功的途徑也不止一條；古諺有「行行出狀元」，西哲也有「條條大道通羅馬」的說法，只要自己肯努力學習，有一技之長，找工作也很容易，生活也儘可以過得不錯啊，又何必非擠進什麼大學的窄門呢！

說眞的，現在的考試，比起清朝的鄉試，又不知要好了多少倍呢！據前人的筆記與著作，清朝的鄉試是在陰曆八月上中旬舉行，叫做「秋闈」。這時南方一帶的氣候仍然很熱。鄉試分別在各省的省城舉行，應考的人少的好幾千人，大的七八千到一萬多人。光緒八年壬午科（西元一八八二年），單參加北京城裏的「順天鄉試」的考生，就有一萬六千多人。那時有二十二省，考生的總數總該有十幾萬人吧。鄉試中式的叫做「舉人」；一省錄取的舉人有一定名額，由三四十名到八九十名，全國的總名額也不過一千二百九十名，比起現在的高普考、大學聯考，眞不知要難上幾十倍了。難怪有「七老八十」還在考的。乾隆時，廣東謝啓祚到九十八歲才考中丙午科鄉試。他作了一首五言詩，說：

「行年九十八，出嫁不勝羞。照鏡花生靨，持梳雪滿頭。自知眞處子，人號老風流。寄語青春女，休誇早好逑。」

今年大學聯招的考生，共九萬八千二百三十六人，錄取名額已定三萬一千五百三十人，錄取率則達百分之三十二點一；何況現代學生考不上大學的，還可以再考專科、軍校；想一想，我們實在比古人幸運得多了。

再說現在的考試，兩三天就結束，考試的場所也透風高敞，一天考三科，上午兩科，下午一科，每科考八十分鐘，就可以出來活動、小便、喝飲料、吃點心；中午午餐後還可以小睡片刻；下午考完，就可以回家去了。不像清朝的鄉試，一進場就是三天，連考三場，一共九天；所以考生要携帶一個竹製的考籃進場，內裝文具、食品、用物、衣被。考試的場所集中在各省省城的貢院。像順天貢院有編號的考房九千多間，廣州貢院有七千六百多間。每間考房高不過六尺，寬五尺，深五尺多；考房裏橫列著兩塊長木板，下層的一塊做長板凳，上層的一塊做寫字桌，入夜就將上層的一塊抽下來，和下層的一塊長板合併起來，做睡覺的床鋪。據說「站著不能伸直腰，躺著不能伸直腳」。考生一進了考房，就不能自由走動，小便就解在考房的尿盆裏，只有大便纔准許上厠所。每一次進場，快手要作兩天半，慢手第三天日落前也得交卷，然後才能夠出場。第一場作三篇文章，一首詩；二場三場作五經題、策論題。偪處小房，熱蒸臭薰，下雨泥濘水濺，入夜蚊蚋咬叮，供應的飲食又極粗糲。小說家蒲松齡有描寫當時考試的苦痛情況，說：

「初入時，白足提籃，好似乞丐；唱名時，官呵隸罵，好似囚犯；其歸號舍（考房）也，孔孔伸頭，房房露腳，好似秋末之冷蜂；其出闈場也，神情惝恍，天地異色，好似出籠之病鳥。」

我們只要想一想前人的這種種苦況，實在也可以減低一些自己對考試的痛苦感受了。

現在，世界進步的國家，義務教育大多已經延長到中等教育的階段，有的九年，有的十二年。但要想進入大學，只有法國可以根據高中畢業文憑申請入學；美國大部分大學可以根據高中成績單申請入學；蓋浪漫成性的法國人對讀大學的興趣不太濃厚，富冠全球的美國大學及學院比較多，所以可以容納大量的學生。英國、意大利、日本都需要通過學校的入學考試，才能進入大學，競爭也非常激烈。日本有一些私立大學，傳聞有以金錢買通教授，或提供捐款給學校的情事發生，運動費用有高達三千萬元日幣，日本電影以此作爲題材的，也有好幾部；這當然是日本採取各大學個別招生的緣故，所以易生弊病。至於要當公務員，英、美各國也都規定要通過考試。英國是先要口試合格，然後才能參加筆試；美國聯邦文官入仕考試，也有資格的限制。我們要進學校讀書，要到社會做事，大概都必須接受「考試」的這一個事實吧。要是沒有考試，又如何能夠挑選出値得造就培育的青年學子呢？又如何能夠甄拔出國家與社會所需要的有學識才能、有技術經驗的各種人才呢？

學校的考試制度，在夏商周三代就已存在；公務員資格考試，在隋唐就已經奠定基礎。考試早就成爲我國的一種主要的制度。經由考試，來挑選可造就的人才，進入大專院校，接受專門知識與技能的教育，以造就各種專業人才，來建設國家，服務社會，改善大衆的生活，這當然是正確的制度；甄選傑出的人才，來參加政府各部門工作，辦理各種事情，策畫各種政策，使國家也因人才濟濟，日趨富強。這當然也是正確的制度。還有人說：考試還有助於各地人才的結合，還可以刺激教育程度的提高，學術的普遍發展，還可以培植青年追求高深學問的理想，使傑出的青年得到進修的機會，優秀的人才得到參與政治、發揮才能的機會。所以「考試」只要能做到公開客觀，公正平允，沒有徇私，無分貧富貴賤，「沒有資格限制」，使人人都有應考與競爭的機會，就是一個很理想的制度，就可以造就天下的英才，就可以「使天下的英才盡入吾彀中」啊！

考試由於錄取的名額有限，自然不能凡來報名的都給取上，一定有落榜失敗的人；落榜失敗的必定會產生一時的痛苦，嗒然若喪，意冷心灰，這也是人情正常的反應。但明清的科舉，今天的聯招，所以爲世人所詬病、抨擊的，不是它們的不客觀，不公平，徇私有弊病；而是這兩種考試所造成的社會的價值觀念，與考試的內容與命題，所造成的不良影響；所以我們應該在這些方面加以檢討。

一、社會價值觀念的問題：我國公務人員的考試，開始於漢順帝的時候，所謂「諸生試家法，文吏課牋奏。」隋煬帝大業二年，設置進士科，奠立科舉考試制度的基礎。唐朝國勢強盛，政治機構龐大，需要大量人才，考試的制度更趨完備，禮部分科考試，就有「進士」等二十多種，來選拔德行才能，博學藻麗，絕藝奇技，武勇智謀，書法算學，法律歷史，天文曆法，醫藥等等方面的人才；再經過吏部、兵部的覆試及第，這才授予官職，進入仕途。張籍有詩說：「二十八人初上牒，百千萬里爭傳名。」舉子一經題名金榜，即聲名騰播，榮耀無比；若不幸失敗，就像孟東野有詩寫他的悲哀，說：「棄置復棄置，情如刀刃傷！」後來，他再重考，終而登科及第，所作詩有「春風得意馬蹄疾，一日看盡長安花。」那種心花怒放的心情，輕鬆飄逸的語氣，都與前大大不相同了。由這些詩句，可以看出從古來「考試」在一般人的心目中的價值觀念。「儒林外史」描寫范進，在沒中舉前，胡屠戶駡他「現世寶」、「窮鬼」；一中了舉人，就趕緊改稱做「賢壻老爺」、「老爺」，是天上的「文曲星」

降生的。在今天，也仍然如是。能考上大學，連父母都覺得光彩；考不上，連父母都覺得沒面子，好像連天都要塌了下來的那麼嚴重。這種價值觀是非常錯誤的。

爲什麼大家會有這種錯誤的觀念呢？

在「儒林外史」中，馬二先生有一段說話，可以引來說明。他認爲讀書人除了做「舉業」外，再沒有其他的事業可做了，所以他說「『舉業』二字，是人人必要做的。」「唐朝用詩賦取士，若講孔孟的話，就沒有官做；要做官就得會作詩。」明、清是用八股文章取士的，所以馬二先生又說：「就是孔夫子生在而今，也要念文章，做舉業。」今天，我們套一句馬二先生的說法，孔子要是生在今天，恐怕也要大讀「升學指導」，參加「大學聯招考試」了。因爲今天我們的社會充滿了「文憑主義」、「學位第一」的價值觀念。用人的時候，總認爲高中不如專科，專科不如大學，大學又不如研究所出來的碩士、博士。總以爲學位越高，本領也越大。政府人事制度的規定，高中、專科畢業的人員，他們職位的升遷與薪水的審定都有「上限」，到某一職等就永遠爬不上去了。像現在專科畢業的，不管後來他履歷多深，經驗多豐富，才幹多傑出，學問多麼淵博。就永遠沒有資格當上國中校長，更不必說其他什麼大事了。大學畢業的就沒有這種限制。

在這種價值觀念之下，又怎能不教人要擠破大學的那一扇窄門？又怎能不形成「升學主義」的浪潮？學校教育又怎能不受升學壓力的影響？青少年的身心又怎能不受到戕害？大家讀書，不是爲了求取知識，而是爲了要考上大學。要想有把握順利考上大學，就得從小學、初中、高中準備起，影響所及，使許多學校的教學都變成不正常，有的增加主科的授課時數，有的改變了教學課程，（像將公民與道德改授三民主義），有的不考的科目就根本不要上，有的加強升學輔導，連寒暑假都要上課，有的反反覆覆的舉行「模擬考試」、「猜題考試」，有的下課後進補習班，請家教補習。人變成讀書的機器，考試的工具，又怎能體會到讀書的快樂？所讀的書雖也不少，可是都是各科的升學指導，又怎能拓廣一個人的知識領域？開闊一個人的遠大胸襟呢？

張世祿兄在一篇有關大學入學考試與升學主義的文章中說：今天社會人士與教育行政機關，對一所學校都是以「升學率高低」，作爲評價的標準；家長對子弟，老師對學生，也是以能不能考取學校，作爲評價的標準。現在學校對於知識教育的重視，遠超過了德、羣、體、美四育。升學沉重的壓力，已經造成許多學生嚴重的近視問題，還有些心理不正常、不良的青少年的問題。所以今天我們應該從社會價值觀念、學校教育方式、人事制度法規各種方面，尋求辦法，糾正疏導。務要使大家知道：「進大學」，並不是個人改善生活、成就事業的「唯一」的一條道路。你就是沒有一紙文憑、較高學歷，只要自己肯奮勵治學，鍥而不舍，潔己修身，力爭上游，具備了卓越的能力，淵博的學識，高尚的品德，也可以跟有高學歷的人，一爭短長，可以爬昇到最高的位置，同樣可以有他傑出的成就。有許多路子可以走，讀不讀大學，當然也就沒有關係了。在我年輕的時候，人們對「讀大學、考研究所」的興趣，遠不如今人濃厚，就是因爲「成功的道路，不止一條」！就不會把升學看得太重了。

二、考試的內容與命題的問題：現在可以說是聯招考試領導學校教學。許多學校的教學完全是爲了應付聯考；也可以說「聯考怎麼考，學校就怎麼教」，主要都是在訓練學生怎麼應付考試，教學不走正道；這當然是非常可悲的現象。所以聯考的命題方式和中學教學方式有密切的關連。所以我在這裏先就考試命題的方式加以討論。

過去的命題，採取問答式、論文式。這種命題的優點，是可以測量出考生文字的技巧，思想的深度，推理的方法，組織材料以及應用所學的知識解決問題的能力；缺點是「題目」只能出少數的幾題，無法普及多數的教材，自然無法測出考生知識的廣度，而且在考生人數多的時候，閱卷無法精細，評分出入很大，再加寬嚴不一、主觀看法，分數的出入就更加大了。尤其考卷多的時候，像前清鄉試時候，有些閱卷人常只抽幾行來看，遇到好的卷子，再從頭看起，不好的，就這樣的刷落了。幾百卷文字，頃刻看完。需要全篇文字都作得極好，才能入選，得到推薦。據說左宗棠參加湖南鄉試；他的文字起先就是這樣被刷落的。當時典試徐法積又就五千多卷的落卷中重閱，取中了若干卷，左宗棠就在這重閱中，被取中了第十八名舉人。當然，這種看卷的方式已不適合今天，因爲現在聯考國文科的作文，要評定高低分數，所以閱卷先生都必須從頭細細閱過，才能作確當的評分，不然快眼數瞥而過，那就誤人子弟，對不起自己的良心了。幸好，今天每一卷作文，都是先由兩人閱卷，各別評定了分數再加以平均；兩人記分相差十分以上，再由第三人審閱。我覺得現在這種閱卷方式是比較公平的。

西方教育心理學家歐德爾等人，對各科論文式的出題提出了一些寶貴的意見；我認爲很值得我們出題先生們參考。現在綜其要點如下：

(1)出題的題材，應該選擇教材的重要部分。
(2)問題的文字要明白，意思要清楚。
(3)多出思考題，使學生必須運用思想才能回答；少出事實題，這樣才不至鼓勵學生死記死背課文。
(4)應該由選擇、評鑑、比較、因果說明、分析、相互關係、原則原理應用及一般討論各方面去命題。
(5)評分時候，要把答案要點、重要程度、應得分數，事先列出，供閱卷人參考。並作「抽樣」，作評閱標準卷。內容特別好的，另定加分辦法。

我認爲作文題的文字，更要注意明白清晰；因爲考生若看不懂題目，或誤解了題意，無法下筆，或下筆而離題十萬八千里，那就失去考作文的意義了。譬如某一年鄉試，題爲「淵淵其淵」；當時，有名的馬世琪就苦思不得，難以下筆。到了第二日還不能寫下一個字，只好繳了白卷。他口占了一首詩，寫在卷子上面，說：「『淵淵其淵』實難題，悶煞江南馬世琪。一本白卷交還你，狀元歸去馬如飛。」

因爲論文式考試，在評分上不大客觀可靠。一九一〇年，西方教育家麥柯爾就提出新式考試的方法，又叫做「客觀測驗」，就是利用簡單問答、塡充、是非、選擇交錯配合，重新排列等方式來製作試題，我國中小學各科考試，也大多採用這種方式來考試的。

有一度，我們的大學聯考，除了國文科作文之外，各科考試全用選擇題方式來作測驗題，而且考題極多，在三十到五十題之間。有人認為「題數愈多，信度愈高，愈能測量出結果；因此為了提高一個測驗的信度，試題不宜編得太少。」因此，各級學校聯招考試，各科試題都不少。這是最使中學生感到苦痛的一點。在短短的八十分鐘內，要答那麼多題，包括題目、思考、選答案；數學理化還要演算，平均答一題，快的一分半鐘，慢的兩分半鐘。我的兒子說，要想全部作答，答得對，第一你要背得滾瓜爛熟，人要變成記憶的機器，頭腦要變成「磁碟片」；平日就要把高中三年所讀的國文、三民主義、歷史、地理的各種文字，統統都印上去；這樣才能永遠記住，方能一看題目，就能答得出來。可是人腦不是磁碟片，印上去十日半個月就又忘記了。第二你要做得滾瓜爛熟，人也要變成計算的機器，頭腦也要變成「電子計算機」，而且還要靠平日不斷輸入各種數理演算的程式，一旦要用，才能在幾微秒中替你算出來。事實上，恐怕就是電子計算機，也無法解答大學聯考的數理化所有的題目。所以現在的高中，只有天天舉行考試，今天考這兩三科，明天考那兩三科，應屆的畢業生還要舉行數次模擬考試，孩子的神經終年繃得緊緊的，所以要跟現代青年講「讀書樂」，他們實在體會不出來。

因為測驗題考得太多了，產生一些後遺症，大家不大用筆來表達意思，所以要寫一封信，一個報告，都別字連篇，文字不通，辭不能達意。現在，聯招會有鑑及此，這兩三年，英文有了翻譯、作文；國文作文的分數也提高了十分，三民主義也有了申論題。今年生物也有了問答、簡述解釋、繪圖說明等非選擇題。物理也有了演算、說明原理、列出安排儀器與測量步驟的試題。化學也有填空、寫出化學方程式的試題。但最令人喝采的，是數學的試題，無論社會組、自然組都大量減少，而且包括演算題。正如報端所說「題數減少，考生有足夠的時間，去思考，去計算。」這是值得各科出題先生們注意的一點。

要想使我們的中等教育走上正常的路子，合理地減少大學聯考各科的試題數量也是一項亟待改革的措施。

（原刊於民國七十三年七月十四日青年戰士報）

宋明珍本書簡介

臺灣師範大學所藏書籍，逐年增加。內有宋明刊本、手抄珍本，亦頗不少。今略舉十種，以見梗概。

一、鄒青士三部稿手抄本：鄒萬選字青士，自號介石子，清西昌人，著有燹剩編、圜扉屬稿、攖寧集。燹剩編乃其未弱冠時所著，有詩詞辭賦序記傳銘近五十萬言，膾炙一時。康熙甲寅（一六七四）三藩變亂，其稿盡失，亂後自各方蒐集成編，故名之曰「燹剩編」（見楊尚志序）。後萬選爲人幕書，丙辰（一六七六）春，以事繫獄中，作文自遣，圜扉屬稿成于此時（見楊兆年序）。出獄後，家居養晦，又著攖寧集（熊誠批點攖寧集序）。萬選自幼負有奇才，値時亂離，不遇於世。其著作則千形萬態，不可名狀。惟以窮困，無力刻行；僅將文稿「約膽數卷」傳世（見作者自誌）。此手抄本，凡四册，不分卷，原存於萬選同時之吳流槎拜經樓中，後輾轉流傳至東北大學，今存師大。

二、孫詒讓周禮正義手校本：孫詒讓字仲容，浙江瑞安人，清季樸學大師。自幼從其父研讀周禮。及長，作周禮正義八十六卷。取爾雅、說文正其訓詁，禮經、大小戴記證其制度，並博采漢唐以來迄於清乾嘉諸儒舊詁，參考證釋而成。前後經二十餘年，稿數易，注疏經義，頗多發明。光緒乙巳（一九〇五），鉛印行世，裝成二十册，初版頗多脫誤。師大存有仲容先生初版手校本。該本似擬爲重刊時用，然未見刊行。民國二十年四月，楚學社有木刻本問世，字體端正美觀，惟錯字脫字尚多。又中華書局出版四部備要本，扉葉註明「據清光緒乙巳本校刊」。而孫氏手校本註明脫誤而應删應改應添地方均未見改正。如備要本禮十四第一四六頁二欄五行第二十四字起云「鄭『君』此注」。楚學社本同此。手校本眉批則云：多一「君」字，須刪。又備要本禮二十第二〇八頁二欄四十行第一字起云：「案甸積六十四里，『甸郊』則二百五十六里。」楚學社本同此。手校本眉批則云：「甸郊」二字，應改作「四甸」。蓋「甸積六十四里，四甸則二百五十六里」也。又備要本禮三十第三一三頁一欄九行第一字起云：「廣雅：貒，貛也。貒貛『同』，故古通。」楚學社本同此。手校本眉批則云：於「同」字下添「物」字。蓋謂「貒貛同物」。則楚學社本與四部備要本印行時，似均未見此手校本也。故此本仍極爲珍貴。

三、紀昀批點王子安集手抄本：王勃字子安，初唐四傑之一，才藻富麗，早年即成大名。此本爲清乾隆乙亥丁丑（一七五五　一七五七）間，紀昀於閱微草堂中邊讀邊批之本。紀曉嵐，乾隆時主編四庫全書，學者尊爲泰斗。文筆則尙質黜華，追蹤晉宋。閱微草堂筆記云「王仲任、應仲遠引經據古，博辨宏通；陶淵明、劉敬叔、劉義慶簡淡數言，自然妙遠。」故對子安行文之富麗曼衍，結構不謹嚴處，則多苛求之語，或譏粗疎，或評堆湊，然亦多佳評。由此本可見古人讀書心得，以助吾人欣賞也。

四、明刊周恭肅公集鈔補本：周用字行之，別號白川，江蘇吳江人，明弘治壬戌（一五〇二）進士，歷孝、武、世宗三朝，官至吏部尚書。著有政績，兼長詩文。其文豐蔚暢達，議論超卓；其詩高遠深妙；著作甚富。嘉靖丁未年（一五四七）卒。後二年，其子乃蒐輯其所存稿，刻爲十六卷，裝成六册。周恭肅公集明刊本，今已罕見。而師大所存之本，第十五、十六卷一册，則爲手抄，書皮紙與前五册同，封底內頁漬有水跡，似經浸濕，而藏書者倩人就舊本抄補，字體頗秀麗端整，惜不知出自何時何人之手。

五、翁方綱手批杜詩本：翁方綱字正三，號覃溪，順天大興人，乾隆進士，官至內閣學士，博覽多聞，精於金石書畫碑版之學。亦工詩，所作多至六千餘首。其論詩重神氣肌理聲調，推崇杜甫、黃庭堅、楊萬里諸家（見李桓輯國朝耆獻類徵初編卷九十一）。而於杜詩，用工最深。師大所存翁批杜詩本凡十二册，計目錄一册，詩二十卷爲十册，文鈔暨附錄一册，均係手抄，而書眉行間，處處間有翁氏之短批長評。由各册裏頁附記批語，可見當時手批情形：是於乾隆甲午丁未間（一七七四——一七八七），日讀杜詩一二首或二三首，先分體，後隨手於神理所在處，批記其心得，標舉其所以然。着重之點，在辨體，談韻，論句法章法，圈點評注佳處，校勘錯字及不同版本，談著作年代，考證典故事蹟。浪跡叢談言翁「手批杜集，凡二十三過」，始成定本。杜甫，世稱「詩聖」，後人研讀批點箋註者極多，號稱千家。而清李芝陔附記云：「此本評語之的當，考據之詳確，向來俗儒，一掃而空。」

雖爲溢美之辭，然鈎玄闡妙，實亦得體。此本，初爲大興徐星伯所得，後存鐵盦胡義質家，光緒間歸於涿鹿李芝陔，今存師大。

六、米芾撰寶晉英光集手抄本：米芾字元章，號海嶽外史，又號鹿門闢士，又稱米南宮，宋朝名書畫家。與其子友仁所畫山水，自成一派，稱「米家山」。文章亦不俗，著有寶晉英光集等書。岳珂序謂：「語無蹈襲，出風烟之上，其詞翰間，有淩雲之氣。」曾敏行獨醒雜志亦云：「胸次高遠，吐語天拔，不規規繩墨，而氣韻自殊。」米集據說舊有一百卷，宋南渡後散佚，紹定壬辰（一二三二）岳珂官潤州時，重爲編綴，僅得十分之一。集名寶晉英光者，蓋「寶晉」乃芾齋名，「英光」乃芾堂名；是合二名以爲書名也。今師大所存手抄本，凡二册八卷。卷前錄有紀昀等撰提要，提要後爲岳珂序。此本殆抄自四庫全書者。

七、清全祖望手抄國語本：國語，傳左丘明撰，係分國紀事之史，收有周、魯、齊、晉、鄭、楚、吳、越等國，其事起自周穆王，迄於晉智伯之亡。師大所存珍本，爲全祖望於乾隆壬戌（一七四二）孟秋七月所手書者。全祖望字紹衣，浙江鄞縣人，乾隆進士，其學淵博無涯，靡不涉覽，嘗登其鄉范氏天一閣抄錄秘書。天一閣爲明嘉靖時藏書家范欽（堯卿）所創建，藏書繁富，雄視浙東。其閣至今猶存。全氏此手抄本，殆或即抄自天一閣者，字極秀麗，允爲珍本。

八、明刊馮猶龍增定繡像平妖全傳本：平妖傳，原名北宋三遂平妖傳，爲元明間小說家羅貫中所撰。原本不可見，較先之本爲四卷二十回，序云「王慎修補」，記貝州王則以妖術變亂事。本宋史卷二百九十二明鎬傳所言，涿州人王則於慶歷七年僭號東郡王，六十六日而平之事，加以演義。傳敍北宋時汴州胡員外得仙畫，其婦焚之，灰繞於身，因孕生女曰永兒。有聖姑姑授以道法，遂能作紙人豆馬，王則爲貝州軍排，後娶永兒。術人彈子和尚、張鸞等皆來見，云則當王。會知州貪酷，遂以術運庫中錢米倡亂。已而文彥博率師討之，其時彈子和尚等見則無道，皆先去，而文軍猶不能克。彈子和尚化身諸葛遂智，助文鎭伏邪法；馬遂詐降，擊王則裂其脣，使不能持咒；李遂又率掘子軍作地道入城，乃擒王則及胡永兒，亂遂平。奏功者三人，皆名遂，故書名「北宋三遂平妖傳」。今師大所存之明刊本，爲十八卷四十回，較羅撰王補之舊本多二十回。卷首有楚黃張無咎序云：此本乃其友龍子猶（馮猶龍）據舊本所補者，傳於泰昌元年（一六二〇），版失於火，無咎爲之重訂而刻之也。較舊本，前加十五回，記袁公受道法於九天玄女，後爲彈子和尚所盜，及妖狐聖姑姑錬法事；他五回則散入舊本各回間。多補述諸怪民道術。馮猶龍，據今人考證，即明季名小說家馮夢龍。故其增補平妖，能窮工極變，意造幻奇，而不失本來面目。

九、明刊晉王嘉撰梁蕭綺錄拾遺記本：王嘉字子年，隴西安陽人，初隱東陽谷，穴居授徒。後入長安，隱終南山，苻堅累徵不起。姚萇入長安，逼嘉自隨。後以答問失萇意，爲萇所殺（約三九〇）。著有拾遺錄（即拾遺記）十卷，其記事多詭怪，今行於世（見晉書卷九十五藝術列傳王嘉本傳）。蕭綺作拾遺記序云：王書本十九卷，二百二十篇，當苻堅之季，典章散滅，此書亦多有亡，綺更删繁存實，合爲一部，凡十卷。據今存本目錄，則前九卷起庖犧，訖石虎，末一卷則記崑崙等九仙山；與梁序所謂「事訖西晉之末」者稍不同。文筆頗靡麗，而事皆無實。蕭綺之錄，亦多附會。胡應麟等叢三十二以爲「蓋即綺撰，而託之王嘉者也。師大今存拾遺記有二種珍本：一爲明隆慶間吳琯之校本，凡二册十卷。一爲陸淮刻本，凡四册十卷，卷末另附有後序，字體紙質均較前者爲佳。

十、漁洋先生手輯五代詩話手抄本：王士禎字詒上，號阮亭，別號漁洋山人，山東新城人，清順治進士，官至刑部尚書。著述有漁洋詩文集、帶經堂集、古詩選、唐賢三昧集、唐人萬首絕句選、漁洋詩話等三十餘種。爲清初名詩人兼詩論家，康熙五十年（一七一一）卒。五代詩話，乃漁洋先生宦游之暇，博覽史傳，旁及百家，如研北維志、江表志、侯鯖錄、南唐書、癸辛雜識、后山詩話、苕溪漁隱叢話、翰府名談、五代史補、北夢瑣言、吳越備史、湘山野錄、韻語陽秋、摭言、王氏見聞錄……等數百種書，有關五代之風詩者，隨時收錄。前後積十餘載，材料極豐富。未成定本，先生即已過世。歿後四十年，始由其門人黃叔琳與德水宋弼等校編次爲二册十二卷，梓刻行世（見宋弼等撰序）。五代世亂，當時詩人才子之傳記舊聞多失傳，事跡不完，兼雜詆謬，而後之述者罕見專書；故此書對於研究五代文學史者，誠爲珍貴，可與五代正史互相發明。然當時之刻本，今亦罕有。師大所存手抄本，爲六册十二卷，與卷前宋弼序所謂「二册」者不同，雖非當時抄本，然亦近古。

（原刊於國語日報書和人第一五一八頁至一五二〇頁）

中國人的過年

現在過舊曆年，雖然比從前簡單多了，但「過年」還是很忙碌花錢的。有人說：「一年忙到頭，忙到三十晚上還要忙。」過去，大概過了臘八節，「年」就算開始了，一直要到元宵夜，過年才算結束。民間流行的歌謠就這樣地說：

「老婆老婆你別饞，過了臘八就是年。臘八粥，喝幾天，漓漓拉拉二十三。二十三，祭竈天；二十四，掃房子；二十五，做豆腐；二十六，燉羊肉；二十七，殺隻雞；二十八，把麵發；二十九，蒸饅頭；三十夜，辭歲罷。」

過了舊年，迎新年又忙著拜年；到元宵又忙著放燈。廣東有民謠說：「十二搭燈棚，十三人開燈，十四燈火明，十五人行街。」過去過了正月十五，才恢復正常工作；現在過年不必這樣忙，有許多現成的東西好買，到初五也就開市，人又忙著工作了。

「過年」這個大年節，是幾千年相沿下來的習俗，已經成爲我們中國人生活的一部分，不管貧富貴賤都要過年。現在就過年節俗的產生與演變，加以說明，也可以增加一點生活的小趣味。

一、臘祭與過年

過年，就是由古代的「臘祭」來的。周代有「蜡」、「臘」兩種祭祀；臘祭祖先，蜡祭百神。這也就是夏朝的「清祀」，商朝的「嘉平」；所以秦始皇三十一年又將周朝臘祭更名爲「嘉平」；漢人又將臘、蜡二祭合稱爲「臘」。周人以農曆十月爲歲終，臘祭在孟冬十月舉行。禮記月令：「孟冬之月，……臘先祖。」漢朝採用夏曆，以十二月爲歲末；臘祭改在十二月舉行，稱爲臘月。說文「臘」字下說：「冬至後之戌，臘祭百神。」可見起初臘節只是在冬至後的戌日舉行的一個慶典而已；後來漢朝人將它定於一年的最後一天舉行，就又稱「除夕」，意指舊歲至此夕而盡，明旦就另換新年囉，有除舊佈新之意在。東漢應劭風俗通說：「臘者，歲終祭神之名；臘，接也，新故交接，故大祭以報功也。」漢朝人在除夕的前一日，驅儺逐鬼，擊鼓逐疫。

過年的意義，大致有敬祀祖先，表示孝道；拜祭諸神，慶祝豐收；清掃逐疫，寄望健康平安；除舊佈新，迎接將來一年；利用冬寒農閑，一家團圓，享受作樂，可以鬆弛一下終年忙碌的身心，期能擔當起明年更繁忙的工作。

二、臘八粥

十二月初八，是釋迦牟尼成佛的日子；他降伏了六種心魔，用法水清除心垢；後來成了僧尼用香湯浸洗佛像的浴佛節。這天寺院用各種果實香稻，煮粥供佛，一般人家，也相沿成俗，用雜果煮粥，互相餽贈，叫做「臘八粥」。

記得小時候，母親煮臘八粥，用的材料，有花生、瓜子、紅棗、桂圓乾、蓮子、紅豆、杏仁、核桃、栗子、百果、糯米和紅糖。甜美的臘八粥，配以小菜，最爲好吃。至今已三十多年，未嚐此味，令人懷念。北平人說，配以鹽醃嫩黃白菜，香甜脆美，更是佳絕。過年的感受，好像就從吃臘八粥開了頭吧！

三、尾牙

公司行號到了十二月，就開始加緊清賬收賬，結算一年的盈虧。老闆賺了錢，爲了慰勞員工一年的工作辛勞，除了發給獎金外，另於十二月十六日，準備酒席，一方面謝神還福，另一方面藉此宴請員工，寄以鼓勵之意，叫做「吃尾牙」。現在，大公司商家也仍然有「吃尾牙」的禮俗，許多機關首長也常在過年前宴請重要的幹部，恐怕也是受「尾牙」的餘風影響吧。

四、祭竈

祭祀竈神，起源於商朝，包括在五祀之中。魏晉時是在十二月初八日，用豬肉美酒，供祭竈神。也有人說：起初祭竈是在六月四日，因爲竈神是祝融（見周禮）；祝融是火神，也是夏之神。祭竈原來的意思，就是感謝他對人類用火烹飪食物的貢獻。韓非子說：竈神是教人熟食的燧人氏。淮南子說：「炎帝死後成爲竈神。」五經通義說：「竈神姓蘇名吉利。」酉陽雜俎說：「竈神姓張，名單，字子郭。」也有人說竈神很漂亮，狀如美女。記得在家鄉時，母親祭竈時是不去管竈神姓什麼的？她只在廚房的竈門上，貼一紙竈神的神像，有時乾脆用一張紅紙，寫上「九天東厨司命竈君之神位」。漢朝以後，祭竈改在十二月八日，（見梁宗懍荊楚歲時記）。後來又改爲十二月二十四日或二十三日，大抵北方多半在十二月二十三日祭竈，南方多在二十四日。現在，臺灣祭竈的風習已不太盛行。

晉葛洪說：「竈神上天白人罪狀。」（見抱朴子）因此產生了每一家都住有竈神的說法，到了十二月二十四日，竈神就起駕上天七日，向玉皇大帝報告這一家人的功過善惡，所以大家就準備供品替竈神餞行，並且希望他上天後多說好話。祭竈時在竈神神位的兩邊，各有一行小字，寫著「上天奏好事，下界降吉祥。」在宋朝時，祭竈仍是用葷菜。蘇東坡縱筆詩說：「明日東家應祭竈，隻雞斗酒定燔吾。」范成大祭竈詩也說：「豬頭爛熟雙魚鮮，豆炒甘鬆粉餌團。男兒酌酒女兒起，酹酒燒錢竈君喜。」至於祭品，只用各種各式的糖點：像花生糖、塔兒糖、芝麻糖、冬瓜糖、糯米花、枕頭酥……卻又是我國人的好想像力，以爲竈神吃多了糖食，吃得嘴甜，自然就會替你多說好話，玉皇大帝就會保佑你們一年平安。此外還燒紙馬紙錢，供竈神乘騎使用。祭完了，將神像揭下，和元寶一起燒化，也放鞭炮，祭竈也叫「小年下」。

五、除夕與元旦

現在我們過年已不像從前那麼忙累，好多東西都可以買現成的，像香腸、臘肉、烤鴨、醉雞，都可以不必自己去灌、去醃、去烤、去浸酒了；像饅頭、餃子、年糕、芋泥，也都可以不必自己去醱、去包、去蒸、去揉了，連鍾馗、門神、春聯，「福」、「春」等大字，元宵夜的燈，也都可以不必自己去畫、去寫、去糊了。雖然如此，過年前幾天，做家庭主婦的仍然要忙個不亦樂乎，要清洗門窗、拖地板、要洗被套、椅墊套、枕頭套，要教孩子油漆鐵門欄杆，要找人粉刷牆壁，要徹底打掃房間，整潔環境，要爲孩子選購新衣新鞋，要上街買香燭、春聯、茶葉、糖果、水果等雜貨，要準備雞鴨魚肉各種食物，還要花時間烹飪成好吃可口的年夜飯；假使在外縣市工作，還要排隊買車票，準備趕回鄉去。做一家之長的，這些事也要幫著做；年初一還要到處拜年；初二或初三，帶著妻子和兒女到岳丈家拜年。現在過年的假期，只有五天，所以也是頂忙頂累的。所以有人說：「人人愛過年，人人怕年前。」年前固然煩，年後的假期一晃也就很快過去了。

除夕夜，一家團圓，祭祀祖先，酒菜滿桌，燈火輝煌，融融樂樂，吃著喝著，這已是多麼歡樂難得的事；在年夜飯後，大家喝著清茶，啃著瓜子，吃著水果，聊著天兒，圍著暖爐，直到了天亮，這又是多麼有意味難得的事。天光愈黑，鞭炮益盛，列案焚香，接神下界。和衣少臥，已到元旦。旭日照窗，爆竹在耳，家人彼此叩賀，喜氣滿庭。王安石元日詩說：

「爆竹聲中一歲除，春風送暖入屠蘇。千門萬戶曈曈日，總把新桃換舊符。」

北平人在元旦的早晨，吃餃子；南方的人吃年糕湯。並且飲屠蘇酒，而且從年少的先喝，年長的後喝；晉董勛說：「俗以少者得歲，先酒賀之；老者失歲，故後飲酒。」年輕的到元旦，長大了一歲，所以值得慶賀；年老的到元旦，等於壽命又減少了一年，沒有什麼可賀的。蘇東坡就有詩說：「但把窮愁博長健，不辭最後飲屠蘇。」臺灣沒有元旦飲屠蘇酒的節俗。

桃符，由來很早了。古時新年用兩片桃木板懸掛大門左右，上書神荼，鬱壘二神名，用以壓邪，叫做「桃符」。六帖：「正月一日，造桃符著戶，名仙木，百鬼所畏。」後來也有刻畫二神於桃木板上，甲冑執戈，懸弧佩劍；也有在門上貼鍾馗的畫像。到了五代，後蜀主孟昶在桃符板上，題上吉祥的聯語：

「新年納餘慶，

嘉節號長春。」

後來就演變成了春聯，更推廣成各種楹聯。桃符板原是驅鬼袪邪的，後來卻變成迎福納祥，點綴新春的春聯，研究起來也眞是有趣的事，除夕將近，就有許多墨客在紅紙上書寫春聯出賣，也有大字書寫「福」字「春」字，讓人倒貼牆壁上，蓋取「福到」、「春到」的意思。唐太宗御書春聯：「韶光開令序，淑氣動芳年。」是過去人常用的春聯。現在常見的春聯：如「春到人間福滿堂，天增歲月人添壽。」有名的書法家趙子昂爲元世祖書寫宮殿上的一對春聯，曰：「九天閶闔開宮殿，萬國衣冠拜冕旒。」是用唐王維的詩句；又書應門春聯。曰：「日月光天德，山河壯帝居。」是用陳後主的詩句。寫作春聯常用前人的詩句舊對，寫得切當的並不太多。從前有一酒樓的春聯是：

「慶喜昇平開酒國，

仙居日月駐壺天。」

這家的酒樓就叫做「慶仙居」，作者將它的店名扣在聯中，也可見中國文字運用之妙了。

元旦除了貼春聯，增加新春到來的氣象外，通常還在花瓶中插些緋桃、梅花、紅菊，客廳角落裏擺兩三盆報歲蘭、金橘，使溫香撲鼻，新春艷冶。果盤上裝些瓜子、花生酥、巧克力、軟糖，用以招待來拜年的親友客人。當然，做長輩的用紅紙封，給兒女晚輩「壓歲錢」，在小孩子的心裏也是一樁樂事。

過年除了「吃」之外，還有玩。過去看戲是一種重要的娛樂。北平人說：梨園戲院到元旦，就賜福開演；記得有一年我住在東張，鄉村也有草臺戲的演出，就是在田野上搭起戲臺，請幾個戲班，輪流演出。初一所演的戲，大抵是「八仙祝壽」、「天官賜福」、「鴻鸞禧」、「大團圓」之類的吉祥戲。初二以後，戲碼就漸漸寬廣了。

地方青年，組織隊伍，敲鑼打鼓，吹奏管絃，來來去去，十分熱鬧。武館獅會，舞獅舞龍；他們身着彩衣，脚紮綁帶，舞獅的在熱鬧的鑼鼓聲中，表演獅的昂首，搖尾，假寐，蹲伏，行走，翻滾，捉蝨，拜揖種種動作，舞龍的則一個人在前頭高舉著燈球，其他人舉著龍燈，跟在後頭，上下左右，盤旋追逐，取金龍戲珠的意思。舞獅多在初一，舞龍則在元宵夜。

據北平人說，還有托偶拉線的傀儡，借燈取影的皮影戲，三五個青衣弄絃索，歌唱打譯的八角鼓，還有雜耍，變戲法、練把式，還有南腔北調，嬉笑怒罵的相聲，模仿鳥獸各種聲音的口技，鐵馬金戈或采蘭贈芍的大鼓書，抵掌噱談、豪俠亡命的說書之類，種種熱鬧娛樂人的玩意兒，應有盡有，聽來的確動心。而今在這裏過年，正月初可玩樂的地方只有上電影院看電影，或是打開電視，也許可以看到一些相聲、變戲法、京戲、口技之類的民間技藝，然而終是隔了一層螢光幕，不太親切罷了。

最後借明朝作家王世貞「臨江仙」的下半闋：「樹上黃鶯聲已滑，對花堪飲千杯。漫追佳節漫安排，與高杯不歇，尊罍又當開。」希望各位讀者，在這過年新春之際，放懷痛飲幾杯陳年紹興吧！老子跟兒子，一同歡笑；丈夫隨太太，一塊逍遙；但願常健不老，多過幾個快樂的肥年，享受山高海深的幸福！

（原刊於民國七十六年二月一日青年日報）

試從宋以來諸儒的主張看現代兒童教育

我國歷代教育家輩出，尤以宋、元、明、清書院講學制度盛行時代爲盛；名教育家，如宋之程頤、朱熹、陸象山、呂伯恭、眞德秀，元之許魯齋，明之王陽明、高賁亨、陸俘亭、屠義時、呂新吾，及清之陸隴、唐翼修等都是。他們不但對成人教育有特殊卓越的見解，對兒童教育亦多主張。有的在近代仍不失爲良好之原則原理。使我深感有整理的必要。茲特將宋以來諸大儒對兒童教育的主張，歸納幾方面作最簡單的說明，以供讀者參考。

一、宋儒對實施基本教育的理想

我國實行基本教育，爲時較晚，所以有人說「基本教育」是舶來品；其實，我國在宋代即已有此等理想存在。

宋史學家司馬光說：「古者民生八歲入小學，學禮樂射御書數；至十五歲，則各因其材而歸之四民。故爲農工商賈者亦得入小學，七年而後就其業」。（居家雜儀）

宋教育家朱熹也說：「三代之隆，其法寖備，然後王宮國都，以及閭巷，莫不有學。人生八歲，則自王公以下，至於庶人之子弟，皆入小學」。（大學章句序）

由此可見其梗概。但古代教育是否已如是發達？貴族與平民，同入小學；甚至連種地、做工、肩挑坐販的，也都要入學受七年基本教育呢？這是很值得懷疑的。

若說這種完全現代化的教育制度，我國早在三代時期就已存在的話；但爲什麼自秦漢以來二千餘年間，卻一直未見付諸實施？所以有人說是宋儒「託古改制」的主張。蓋我國國情好古，只要是古，大家就信。宋儒爲使國人信服，實現其「普及教育」「移風化俗」之理想，這種「託古」的美麗言論，自然而然的產生了。

但它的壞處也就壞在「託於古」。既是古代制度，人們就將它列在「古董」店中。於是，它被玩賞的價值高，而積極付之施行的意義就少了。再加我國的皇帝都歡喜愚弄小民，而迂儒俗大夫們又是「好尚清談」「四體不動」的名士；所以這種「人生八歲，皆入小學」的偉大理想，雖歷宋、元、明、清四代數百年，亦皆未能見其實行。於是，這個眞正的國粹品。反而變成繼「船堅砲利」說之後，從西洋輸入的一種新學說。這種學說到北伐成功後，才在我國眞正實現了。

二、兒童心性問題

我國舊時雖無「心理分析」這門科學，但教育學者的體驗則處處與近代西方心理學家所分析的結論相合。

據近代英國心理分析派哲學家約翰洛克（John Locke, 1682-1704）在「人性之了解」（Understanding of Human Nature）中說：「人的腦子在初生時是像一張白紙。所以人性最初是空無所有，人類善惡的觀念則都是後天印上去的。所以父母當我們呱呱墮地後，就要將什麼是惡，什麼是善的觀念，印到我們的腦子上。以後，我們就相信這些觀念是與生俱來的天性。故所謂『良心』，不是別的，只是這些觀念的深入，而變成了神聖之威權」。他又說：「而情感則是人類本來所有的」。洛克此種「人心白紙論」曾被近代西方教育家採作「立教」的論據，且通用成爲近代教育一股幹流。

但我國宋代理學家程頤（1033-1107）卻比洛克要早六世紀，即倡導和洛克相似的理論，且更着重於教育立場。他說：「古之人自能食能言而教之。蓋人之幼也，智愚未有所主，則當以格言至論（善），日陳於前。盈耳充腹，人自安習，若固有之者（良心）；日復一日，雖有讒言（惡）搖惑，不能入也。若爲之不豫，及乎稍長，意慮偏好（意欲情感）生於內，衆口辯言鑠於外，欲其純全，不可得也」。（見清弘謀輯諸儒論小學）

程頤更着重於教育者的觀點來立論的。他認爲教育本身，是含有「塑造人之善性，抵抗罪惡搖惑」之潛力的，所以他認爲教育兒童，要預先以「格言至論」去培育他。這種主張影響我國學者甚巨，後人主張「教之以正」「導之以善」都是導源於此。

程頤說人及乎稍長，則有意慮偏好生於內。這麼說，難道幼年就沒有意慮偏好吧？但意慮偏好是生於內的，那當然從小就是有的。兒童喜歡笑哭、跳跑、叫嚷、頑皮的鬧、無理的吵，吃東西要爭多嫌少，穿衣要花花綠綠，不喜歡讀書寫字，只愛採花捕蝶唱歌拍球的玩耍，會夢中哭喊媽媽，這些就是兒童的意慮與偏好。而意慮與偏好，在兒童教育上卻是一項問題。因爲一般人都認爲「意慮偏好」是人的惡根，而教育就是要除去這惡根的，所以兒童鬧就罵一頓，不肯讀書就打一頓。所以這問題到現在還是問題。明代王陽明先生曾論及這個問題。他的說法，我認爲是解決這項問題一個基本的態度。

他說：「大抵童子之情，樂嬉遊而憚拘檢。如草木之始萌芽，舒暢之則條達，摧撓之則衰痿」。所以他主張教育童子「必使其趨向鼓舞，中心喜悅，則其進自不能已。譬之時雨春風霑被草木，莫不萌動發育，自然日長月化。若氷霜剝落，則生氣蕭索，日就枯槁矣」。他更攻訐當時教育說：「若近世之訓蒙穉者，日惟督以句讀課倣，責其檢束，而不知導之以禮；求其聰明，而不知養之以善。鞭撻繩縛，若待拘囚。彼視學舍，如囹獄而不肯入；視師長，如寇讎而不欲見。……是蓋驅之於惡，而求其爲善也，可得乎哉？」（訓蒙大意）

所以對兒童教育，最要的須有適當的環境，應該用自然的法子，順應兒童心理——意慮偏好的發展，去鼓勵他啓發他學習。而不應該以打罵體罰爲教育之手段。

三、兒童應該教給些什麼？

記得我們小時候，課本和老師所訓勉的，都是要兒童長大了，做「社會中堅」「國家棟樑」「未來主人翁」。現在想想這些講做「中堅」「棟樑」「主人翁」的教育，都是從科舉時代講「入仕做官」，一可「光宗耀祖」，二可「拯世救民」的觀點蛻變來的，不過名詞新些。也有人說，是由當時「外患內憂」煎迫，所以教育家提出此種口號，以使每一個受過教育的兒童，將來都能以「天下事爲己任」。這是教育配合當時國家的需要。清季學部頒的「忠君、尊孔、尚公、尚武、尚實」五項教育方針；民初改爲軍國民教育、實利主義、公民道德、世界觀、美育五項；後來又更改了幾次。這都是基於國家某一時期需要來如何教育國民的理由上。

教育要配合國策，大前提是非常正確；但吾人不能因此而忽略了「教育是百年樹人之事業」這一個更大的前提；所以在原則與理論上，都必須有一個千年不變的觀點。近代西洋教育家有鑒及此，以美國實驗主義派教育家杜威先生爲中心，就喊出「教育即生活」的主張。換句話說：教育，就是教人類如何去生活。

這似乎非常嶄新的學說，但我國宋代學者朱熹先生早已主張在先。朱熹說：「古者童子八歲入小學，只是教之以事，如禮樂射御書數六藝，灑掃應對進退，以及孝弟忠信之事」。

朱熹所謂「事」，就是做人的事；也就是西方人所謂「生活」。

但禮樂射御書數，灑掃應對進退，及孝弟忠信，都是當時生活上所必需的。而時至今日，當然不能再拿這些東西來教現代兒童，否則便算落後。清季，世界已發展到工業時代，而我國教育尚逗留於十八世紀前，考武舉人，還要考古代的弓箭。致清光緒二十六年（西元一九〇〇），慈禧太后想驅逐洋鬼子，就沒法子，只好乞靈義和團拳民的血肉之軀，和稀奇古怪的念咒吃符，紅燈照，黑煞神，紅櫻槍，去抵抗八國聯軍的洋槍大砲。結果，太后蒙塵，有如喪家之犬；賠銀四萬萬五千萬兩，山河才沒被列強瓦分。這是近代教古事無益有害的例證之一。

所以「教之以事」這句話，我認爲有加以闡釋的必要。

由於工商業、科學、政治、交通諸方面發達，人類生活的內容日日更新，水準日日提高。不要說現代和古時的生活完全不同，就是比之二十年前的也大大改變了。由此也可推想到後二十年，自然比今日的更進步。現時國民教育內容，當然不可能再採用古代的射箭、駕馬車，以及復古派所主張的，小學加讀一些四書五經淺顯的文言文。

因爲「事」是隨時代變遷而不同；所以所謂「事」，是指做某一時代的人的事。教育應站在時代生活的尖端，故教育內容應隨時加以改革；而今日交通發達，人與人間接觸頻繁，所以我們這裡所指之時代生活，並非是局限於一鄉、一市、一國的；這樣教育，才會提高落後地區的生活與文化。若教育儘跟所在地落後的生活與文化的後頭跑，這樣教育還是不能進步。

所以現代兒童應該教給些什麼？簡單說，就是教他們學做現代的人，適應現代的社會，過現代的生活，處理現代的事。

如美國現代兒童教育，若以我國的德、智、樂、體四育來範疇它。他們的舞蹈、唱歌、彈樂器、參加交響樂團、練習繪畫，是陶冶心性的樂育；教游泳、騎馬、打球、郊遊、其他運動，是鍛鍊身體的體育；教兒童如何參加社交、開會、選舉、說話、講演、交友、烹飪和愛物，以及一個人的看書、沉思，是培養合群性與獨處性的德育；以讀書、寫字、編故事、朗誦詩歌、參觀工廠、觀摩噴射機模型、用頭腦作簡單之設計、看動植物標本及教育性電影、電視、聽廣播教學，用手塑製地圖，爲智育。整個所講究的，都是「現代生活」的事。完全以直接生活經驗爲基礎的教育。我認爲這種教育，才是合乎朱熹所謂「教之以事」的原則。

四、家庭學校與兒童

在兒童生活環境之中，佔最重要的地位的，要算家庭與學校。所以宋儒認爲家庭教育與學校教育是同樣重要。嬰孩自誕生時起，我們就看到家庭對他的影響。從母親懷抱，而至脫離了襁褓，到會坐、會爬、會走路、會說話、唱歌、聽故事、進學校，都在模仿學習。像猴子般模仿著大人們言行舉動，而逐漸形成了性格的雛型，及生活的習慣。

元林致之先生說：「愛子者，莫要于能教，……愛而不能教者，不得謂之愛」。據說孔子對伯魚也有詩禮的教育。而現在許多年青的父母，卻往往忽略了教育子女的責任。以爲把孩子送進學校，交給老師，便算盡了教的責任了。

教育子弟的事，應由老師與父母分擔。家庭教育，由父母負責；學校教育著重於兒童生活習慣方面的指導，如穿衣、吃飯、衞生、待人接物的事，以及督促兒童複習學塾中功課。而學校教育，則偏重於智、樂、禮這方面的啓發。他們在這兩方面，都制定了許多原則。

現在選擇一些能適合於現時代需要的原則如下，作個例子：

甲、生活指導：一、衣帽鞋襪要保持清潔整齊，要勤作洗澣。二、早起早睡。三、外出要跟父母說一聲。四、開門關窗要慢要輕，不可東碰西響。五、大小便後要洗手。六、飯後要漱口。七、坐要端正，不可駝背、歪斜、交脛、搖脚。八、說話要誠實，不可駡人。（朱熹童蒙須知與朱熹論定程董學則）

乙、讀書指導：宋代學者認爲讀書最要緊是精熟與專心。不管是朗讀、默讀，都要慢慢看字，仔細地讀。記不住，不要死記強記，多讀幾遍自然就記住了；理不通，不要牽強附會，用心推敲思考，自然就精了（朱熹讀書法等文）。朱熹更說：「讀書有三到，心到、眼到、口到」（童蒙須知）。後來清左宗棠與現代學者胡適先生俱曾據朱熹「讀書三到」主張，加以闡釋與發揮。胡適更添了「手到」一條，現將二家學說合錄如下：讀書須有四到，是眼到、口到、心到、手到。

眼到：要個個字認得，看清字畫偏旁，辨明標點句讀，記好首尾段落。口到：朗讀時要一句一句念出，讀書要清楚、正確、響亮，不可蒙籠呑糊，或像和尚念經。心到：用心體會，一字求一字下落，一句求一句道理，一事求一事原委，虛字（如嗎麼呢）求其語氣，實字求其義理，總要把這心運在字

裏行間，時時疑問思繹，才是心到。手到：抄筆記，翻字典，作提綱大要，記讀書心得。（左宗棠寄子書及胡適讀書等文）

丙、說話指導：態度要從容，口齒要伶俐，不要含糊促迫，以自己的語言說話。（明屠羲時童子禮）

丁、教學指導：根據宋以來教育家們所定法則可以歸納成幾步驟（這裡所舉例原是漢文教學，但可適用今中年級以上國語）：

①讀音：有老師讀，學生跟老師讀；學生讀，老師改正訛音三步驟。

②解說：由老師逐字逐段講明字義文法，並引日常事物來證明，以使學生容易記憶領會。

③發問：要鼓勵學生發問。所謂學問，就是學與問並稱的詞。不問只學，學問一定進步不快。當老師須鼓勵學生發問；另一方面，老師也可利用詢問學生方法，考察學生是不是都會了，都知道了。

④溫習：古人讀書最反對強記，蓋強記數日就忘。所以認為教書最好方法，令學生熟讀。熟讀的方法，就是督促學生多溫習。而溫習方法，分自修、課堂二種。自修就是使學生在家溫習本日功課。課堂，每隔數日使溫習一次，由學生講解誦讀舊功課。其間有錯訛處，即予講明改正。並使全班同學互相傾聽指點。即令他在錯訛處，加三角或圓圈的記號，以使他自己再讀到錯誤地方，引起注意，而能改正了。

⑤每遇兒童倦怠懶散時，唱歌一首或講故事一則，以調劑其學習精神（元程畏齋讀書分年日程，

明王陽明訓蒙教約，清唐翼修父師善誘法，及澉湖塾約等文）。

戊、作文指導：①改兒童文章，宜順他的立意而改，通順他的氣勢文字，這樣最能啓發他的思路。若拘於題意，而大加筆削，那就會損害兒童的自信力，反而阻挫了他寫作的興趣和思路。②改也改不好的地方，最好放過不改。不可改而強改，不但白費力，而且學生看了反而莫名其妙。惟可改的地方，應該細心筆削，使有點鐵成金之妙。這樣才算好了。③改過後發還，並使學生對改過地方，細加推究玩索。爲什麼這樣改？玩索久了，作文就自然而然通順了（唐翼修父師善誘法）。

這些指導法，在現代教學法日新月異之時，或說是相當落後的，簡略的。不過附錄在此，亦可供吾人參考，且可略知我國對兒童教育方法之梗概。

五、社會與兒童

宋儒認爲「家庭之教，必源於社會之教」。

社會大半是善惡並存，所以做父母的要特別注意所居地社會風氣習俗，應該處處對兒童加以正確的指引；以免在幼年對善惡之路尚未能判明辨清之前，就先注入罪惡的觀念，使其徘徊在歧途之上，致稍長成爲十三太保，十三太妹之流。

朱熹蒙卦注說：「去其外誘，全其眞純」。又說：「童子時惟外誘最壞事。……故善教子者，只是不使得親外誘」。

所謂「外誘」，就是「外界的誘惑」。如父兄在家打麻將消遣，做子女的耳濡目染，日久也就懂得這些「消磨心志」的玩意了。也許長大時，就不務正業，過起賭徒生涯。又如父母愛看電影，有時也喜歡帶子女去欣賞，而大部份電影非爲兒童所攝製的，結果那些「非常的風情浪漫，香豔、性感、滑稽幽默、狂戀、淒傷、冒險、緊張、打鬪、神奇、謀財害命……的空前絕後鉅片」，不知道要給兒童的心性以什麼樣的影響？若說有好處，大概只有刺激兒童「情竇早開」吧！

我國歷史上有「孟母三遷」的故事，我認爲就是「去其外誘」的一個最好的例子。人的善惡都是由後天「教養」「薰染」來的，所以幼年種善因，長大結佳果；幼年若多種罪根，長大當然就只有結孽花惡果了。俗語說：「少年歪斜，長大不務正」。所以我們做父母的，要特別記住朱子這一句「去其外誘，全其眞純」的名言，那麼將來的社會，才會保持我國固有的純樸風習。

（原刊於中國教育）

改善社會風氣、建立新人生觀

大家都知道，今天我們的社會發生了許多問題，在今天物質誘人、金錢第一的時代裏，我們的國民道德是一天比一天敗壞，我們的社會風氣是一天比一天糟糕。許多人只知道追求金錢，講究享受，歪解自由，迷戀權位，以爲什麼事情都可以做，卻什麼事情都沒有好好地做。翻開報紙，看到的新聞都是交通、治安、環保、經濟、教育、政治各方面發生了問題。像交通的堵塞不通，治安的嚴重惡化，居住環境的髒亂，經濟的投機犯罪，政治問題也很多，老的遲遲不願退職，新的只知一味作秀，就是教育的錯失也不少，青少年犯罪的比率直線上升。現在十幾歲的小孩子就開始吃安非他命，沉迷電動玩具，甚至販賣毒品，勒索同學，令人觸目驚心！這許多問題，使生活在這個寶島上的人，感受到震憾不安，空虛迷罔！

爲什麼？有這許多駭目驚心的事情發生？各界的人士有不同看法。教育家認爲今天的教育太偏重知識教育，忽略了道德教育。思想家認爲現代人過於講求功利，缺少正確的人生理想。社會學家認爲今天「自我」過於膨脹，自然妨害群體的利益。政治家認爲現在的人民誤解了自由的眞諦，缺乏法治的觀念。因此，造成今天許多不安的現象。不過，許多人都認爲現在我們必須重建國民道德，我們必須改善社會風氣，樹立我們新的人生觀，提昇我們的生活品質。這應該是我們兩千萬人民共有的願望！現在，我就造成今天社會問題——社會不良風氣的原因，做進一步的剖析。我認爲大致可以歸結於下列五點：

一、由於教育發達：現在各級學校總數是六千七百四十所，學生總數是五百二十一萬二千五百多人。學生人數佔人口的四分之一。國民的教育程度不斷提高，升學競爭非常激烈，給青少年的壓力非常大，造成一些青少年的心理失常，患了考試的憂鬱症，一考試就肚子痛，頭腦一片空白；喪失信心的自閉症，凡事逃避，什麼事都不想做，喪失了努力向上奮鬥的意志。教育因爲升學第一，也背離正常的軌道，老師與父母都只注重孩子的學業成績，不去關切孩子的道德教養，生活觀念，如何愛人？如何做事？全然不顧。結果成績低落，趕不上的，有的就自暴自棄，交壞朋友，逃學玩樂，缺錢就偷；有的吸強力膠、吃迷幻藥來痲醉自己，現在甚至注射毒品安非他命來激奮神經，應付課業；造成國人極大的震撼。青少年犯罪的比率日漸提高，每年牽涉到刑事案件及移送管訓（竊盜、賣春、恐嚇、勒索、搶劫、打架、殺人），一年都有兩三萬人。其他不知自愛，無品無德；光顧自己，不管公益；這樣的孩子更不知有多少呢？國民教育從民國五十七年延長爲九年後，成績跟不上的學生，品德頑劣的學生，既不能留級，又不能退學，記十幾個大過，學生也不在乎。有些家長因自己工作忙，把教育子女的責任，全部推給學校老師，自己全不管，孩子出了問題，做了壞事，怪罪老師沒盡責，沒管好孩子，更甚的有孩子受到處罰，到學校興師問罪，衞護孩子，毆打老師。

國民基本教育，原爲培養健全的國民，像這樣的教育又怎能養成健全的國民？俗語說：「少年歪斜，長大不務正。」這樣的教育的現狀，的確令人憂心沖沖！最重要的是孩子從小接受的教育，只知道跟人激烈競爭，爭分數，名次，升學，在家裏什麼事都不幫著做，這樣的孩子長大了，又如何懂得去愛別人？去服務社會？去做好一件事情？

二、由於經濟繁榮：現在，我國的外匯存底高達八百億美元，國民的儲蓄數以兆計，高樓大廈不斷在興建，汽機車有一千一百四十多萬輛，臺北市夜裏的各色燈光燦爛有如星海，臺灣商人足跡幾遍世界各地，觀光客更是出手濶綽，喜歡就買。這樣的富裕，卻未能使國人滿足。反而由於經濟的繁榮，教人萌生更多的貪心欲念，投機取巧的心態，不勞而獲的心理，個個都想一夜發財，成爲百萬富翁。不，一百萬算什麼，要一千萬；一千萬也不算什麼，要一億萬；一億也不算什麼，要十億百億。於是力強者就偷就搶，就綁票勒索；狡滑者就走私販毒，逃稅貪汚做組頭；智巧者就設立投資公司，利用四分高利，人們貪心，詐騙資金，少的兩三億，多的幾百億。人人風迷於金錢的投機遊戲，放下正經的工作不做，玩六和彩，玩股票，買賣黃金期貨，買賣房地產，漲了就開香檳酒慶賀，跌了生活就困難。這些由於經濟繁榮造成不良的社會風氣，人心的唯利是圖，道德的墮落，社會的問題，的確是非常嚴重的，令我們憂心。如何樹立正確的人生觀？提昇我們的生活理念？也是今天我們所要共同探討的問題。

三、由於人口增加：第一人口增加，自然造成環境的汚染。我們有兩千多萬人口，每天要吃要穿要住，還要拉大便拉小便。每天排洩出臭便汚水，使河流變黑。每天丟棄垃圾堆積如山，瓶子罐子每年就有十一億個。全省一千一百多萬輛汽機車，放出的廢氣，教大家頭痛、鼻子過敏。城市街頭的噪音，震得耳膜嗡嗡作響，臺北人都得拉高大嗓門說話。還有要解決兩千多萬人的衣食住行，那就要辦農場，大量飼養雞鴨肉豬；開工廠，製造我們日常生活的各種用品，放出烏煙廢水，自然會嚴重汚染我們的生活環境。農場、工廠需要電力能源；那又需要增設核能電廠，但大家又恐懼輻射外洩，造成災害。處理垃圾，要增設垃圾堆置場，要興建垃圾焚化爐，但大家又怕臭氣四溢。解決交通的擁擠堵塞，開闢捷運道路、高架橋，又要征收私人土地，大家又要趁機索取高額地價補償。現在，我們要電用，卻反對發電廠蓋在附近；要環境乾淨衞生，卻反對垃圾焚化爐、堆置場設在附近。我們自己卻是隨手亂丟瓶子罐子。管環保的也只注意工廠的汚染，對於大衆到處亂丟垃圾，也不去解決。展眼看去，到處是垃圾城。生活在這樣的社會中，人與人又怎能和諧相處？這些問題沒有徹底妥善解決，又怎能不彼此相埋怨？

第二人口增加，在鄉村裏，大家比鄰而居，還能保持「遠親不如近鄰」純樸的風習，拜拜時你到我家喝一杯米酒，我到你家吃一塊白斬雞，一家有了事，四鄰都會來幫忙。在城市裏，大家同住在十幾二十層的大樓公寓裏，常見的是彼此漠不相關。有一次，我去看朋友，按錯了對講機，就挨了他上面一層鄰居的駡：「討厭，亂按電鈴。」更因同在一棟大樓，更加不滿對方。樓下埋怨樓上走路太響，亂丟煙蒂垃圾。樓上埋怨樓下，抽煙煙氣飄上來，讓人抽二手煙。左鄰嫌右舍，孩子彈鋼琴，製造噪音，教人一刻不得安寧。右鄰嫌左舍，大人打牌，說話到天亮，吵得自己的孩子不能專心讀書，準備考試。同住一起，近鄰都成了怨家，又怎能做到「守望相助」？還有在同一機關公司工作，競爭非常激烈，常見勾心鬥角，處處掣肘，你排我擠，你推我拖。這樣，人與人之間又怎能誠心相處？又怎能同心合力把事情做好？我們的社會又怎能和諧呢？

四、由於政治民主：自從黨禁開放後，國內不但成立了許多政黨，言論的尺度大爲放寬。大家都認爲這是我國有史以來，從未有過的民主自由。人民對政治，對社會有了不滿意見，可以透過報紙發表，民意質詢，表示出來；這原是民主時代正常的現象，也是民主潮流的所趨。但是因爲我國人民對於民主眞諦，認識不清；再加有一些民意代表，缺少責任感，又喜歡作秀，爲反對而反對，動不動就訴之肢體語言，摔麥克風，漫罵打架，杯葛議事，破壞公物，癱瘓有關民生的議案。過去，更常常鼓動大衆上街遊行示威，甚至訴之暴力：影響國家的形象。每次我前往國外，國外人士僑民都會問我：現在臺灣是不是很亂。我只好答說：這可以看出臺灣現在是很民主的。不過，這也造成我們社會的不安，資金的外流。有樣學樣，對年青孩子、無知青年會產生反面的教育，使社會充滿暴戾的風氣，沒禮貌，沒責任，不講理，不守法，愛出風頭，你管我誰，只要我喜歡，有什麼不可以。再加統、獨路線尖銳的對立，對大陸政策的主張不同，不能一致。這種現象當然是不好的，我們的社會又怎能和諧安定？

五、由於思想轉變：現在「天涯若比鄰」，早上搭飛機，晚上就到了美國。資訊傳播迅速，拿起電話，馬上就可以和香港朋友講話。文件傳眞，不要一分鐘，就到了中東。不但東西方思想交流，來自世界各地的產品文物也不斷介紹進來，我們的思想又怎能不變？好的進來，壞的也進來。我國的固有倫理道德，也受到破壞。現在有些人辛辛苦苦把兒女養大，結果年老卻遭到兒女的嫌棄。現在女人有工作的能力，經濟能夠獨立，可以不再受男人的臭氣，離婚率也就日見提高，單身的女貴族也就日見增多。現在對子女管教，多採取放任自發的方式，壞的就是孩子也多變成驕縱無禮，不知自愛。男女結婚後，多喜歡組織小家庭，造成年老父母的孤苦無依，不是進養老院，就是一人獨居小公寓裏，死了兩三天也沒人知道。現在人們對兩性的關係，也比過去開放，年青的常偷吃禁果，未婚而施行人工流產的也不少。發生婚外情，造成許多家庭糾紛，引起兇殺案件的，也時見報端。在我住的社區裏，有許多我國女孩子和白人黑人同居。我想這些大概都是受瓊瑤和三毛小說的影響吧！現在個人主義的思想特別膨脹，大家都特別著重個人的利益，常常爲著個人的利益，爭得你死我活，互不相讓，造成社會的動蕩。這些都是由於時代在變，潮流在變；我們的思想也受外來思想的潮流而變動了。

這種種的問題，使生活在這裡的人都深深感受到不安，卻不知道如何去解決，實在是問題太多太複雜了，從何下手呢。這些問題，有的是實質問題，有的是人心問題。現在，就這兩方面提出我個人的幾點淺見：

一、實質問題：有待大家實際去做改革，使這些問題能夠解決。譬如現在國小、國中成績差的學生，規定不能留級重讀，自然無法提升他的程度，就算畢業了，也沒用。還有品行壞的學生，既不能退學，就是記十個八個大過，也不能促其改過自新。既然有這些弊病，就應該改變教育的措施。

還有由於現在社會普遍重視學位，認爲博士一定比碩士高明，碩士一定比學士高明，大學一定比專科有學問，專科一定比高中有學問，高中一定比國民學校畢業學生有學問。現在政府用人，常有學歷的限制，因此造成強大升學的壓力，人人從小學就得爲升大學而努力，以致整個學校教育、家庭教育都失常，許多青少年因爲考不上學校，備受挫折、失敗的痛苦煎熬與折磨。假使有另外一條路子，只要你能夠通過某種階段的考試，跟有學位的人一樣可以擔任某種重要的職位。那樣，現在教育的不正常現象，就可以改善。孩子的人生觀念，生活態度，也都會跟著趨向正常。

現在政府對投機取巧的經濟犯罪，地下投資公司，六和彩組頭的取締，不遺餘力，這是很正確的做法，以免良善的人民因爲貪圖高利而被騙。

還有維護環境的衞生，這是人人應盡的責任，首先要從自己做起，絕不亂丟垃圾，絕不製造噪音，用無鉛汽油。政府也要徹底督促公私營的各種企業做好環保的工作。人民也要跟政府合作，來建設國家，不是一味的反對。這樣使我們的工商產業更加發展，人民的生活更加富裕提高。

大家住在一棟大樓一個社區，應該組織管理委員會，互相照顧幫助，這樣才能使地方安全，環境美化。同在一個機構工作，要彼此合作無間，才能把事情辦好，事業才能發展。

自由是好的，民主是好的；這是大家所共同追求的政治理想，也是現在世界各國人民所共同憧憬的政治制度。我國雖然是亞洲第一個推翻帝制的國家，但眞正實行政黨政治、民主憲政，卻是近幾年的事情。大家對民主政治的觀念與做法，還是非常不成熟的。希望我國的民主政治在不久的將來，也能夠走上完善的路子，立法委員能夠眞正代表民意，發揮監督政府的功能，迅速審議通過有利人民的法案。

對於外來的文化，我們應該吸收他們好的部份，例如西方的守法精神；日本人的彬彬有禮，做事負責認眞的態度；韓國人的把所有的公共地方，都打掃得乾乾淨淨，努力苦幹的發展各種企業；地小人多的新加坡、香港的交通設施。去掉那些不好的部份，例如嘻皮、吸毒、同性戀、貧富不均之類。

二、人心問題：有待建立大家新的人生觀念。許多思想家說：「心靈是我們身體的主宰，非常靈妙，一個人行爲，完全是由心靈來做決定。」但我們心的靈明，是後天形成的，它是由父母給我們的教養，學校給我們的教育，社會給我們的規範與影響，形成我們的人生理念。這種理念，可以作爲我們生活的準則，做人做事的準則。這個人生理念，也就是哲學家所謂的「人生觀」。我們的意志情欲、行爲動作，都是受心念的指揮。人生觀念不同，對各種事情的看法做法，也自然有很大的差別。古今時代既然不同，所以傳統的人生觀念雖然很好，但若從今人的觀點去看，總覺得有的理想太高，不容易做到；有的已經不合時宜，很難實行；現在我們必須融會古今中外人的人生理念，來建立適合現代生活的新人生觀，把它標舉出來，作爲我們生活的指標。

大抵古代人有古代人的價値觀念與生活方式，現代人有現代人的價値觀念與生活方式。譬如古代人認爲「女子無才便是德」，女人只要在家裏，把孩子養得胖胖的，把家事做得好好的，使老公能夠安心向外發展，便是良母賢妻。但現在的女性，不但要做好妻子、好母親，還要跟男人一樣工作、發展事業。現代女性跟古代女性的生活方式自然不同，人生觀念也就自然不一樣了。古人認為孩子越多越福氣，今人認為孩子兩個恰恰好。都可以看出生活理念的轉變而不同了。所以我個人認為做一個現代中國人，應該有幾點新的道德觀。

第一、要有愛心：不管世事變化多大，人跟人相處，仍然有它永遠不變的一點道理，那就是愛。愛是我們做人最基本的一個美德。孔子說：「仁者人也。」把「仁」字拆開，就是「二人」；「二人」就是兩個人。孔子的意思，是兩個以上的人，在一起生活工作的時候，那就要講究相處的道理。假使這個世界只有你一個人存在，你愛怎麼做，都不會影響到別人，妨害到別人；兩個人就不行囉。孔子又說：「仁者愛人。」就是兩個人的時候，就要用「愛」去愛別人。要怎樣的去愛別人呢？我認為要從自己的地位出發，去發揮他的愛心。譬如做人父母親的，照料兒女的生活，教導兒女的品德，關切兒女的身心健康；這就是做父母對子女應盡的愛，應該付出的愛。做人子女的，能夠孝順父母，奉養父母；這就是做子女對父母愛的表現。職位越大，愛範圍也越廣。譬如管區警察，要愛整個管區住民，保護他們生命財產，做好服務的工作；這就是警察對管區住民的愛。做一個軍人，能夠保衛國家，就是軍人對國家、對人民的愛。做縣長就要以一縣人民的利益為利益，做總統就要以全國人民的利益為利益，去考慮政策，去處理事情，務要使人民得到最大的福祉。這就是做縣長、做總統對人民的愛了！所以我們要立足於自己眼前的地位上，去盡我們應盡的愛，去發揮我們對人的愛心！

第二、要有感恩回饋的心：我們從出生到現在，不知道接受過多少人的呵護、照顧、養育、教導、幫助、扶持、提攜！你有存過一絲感謝的心吧？父母養育我們長大，許多人卻以爲這是理所當然的。親戚朋友幫忙你，許多人卻以爲這沒有什麼。老師教我們學識，許多人卻以爲那是他們職務。國家也替我們做了不少事情，使我們的生活由貧困而富裕，許多人卻以爲那也不算什麼。這都是由於大家從未有過感恩的心，更不必說回饋呢！已故的美國總統甘迺迪說：「不要問國家對你做了什麼？要問你替國家做了什麼？」不要盡想享受別人給你好處，也應該出力做事，來回報父母對你的恩情，別人對你的幫助，國家對你的服務。

第三、要有服務人群的心：國父說：「人生以服務爲目的，能力高的可以服千萬人之務，能力低的也可以服一二人之務。」能力強地位高，就要替更多人做事。譬如能力高的人，我們選他們做立法委員；他們應該瞭解我們人民的需求，制訂通過造福全民的法律與法案。還有我們不是立法委員，不是大官，只是一個小市民，我們也可以在家裏、在社區，做些家事，幫助鄰居；這也是一種服務。

第四、要有盡份的心：我常常自己反省：什麼事我可以做，什麼事我不可以做；什麼事我應該做，什麼事我不應該做；什麼事我能做，什麼事我不能做。能夠有這種盡其本份的心念，學生就會努力讀書，充實學問，而不會荒廢學業，交結損友，逃家逃學，游蕩玩樂，吸什麼安非他命了。青年就會愛惜自己，盡心盡力去工作，從工作的表現中，獲得榮譽、地位和財富，獲得快樂、幸福的生活，而不會自甘墮落，爲非作歹，去偷去搶，去騙去貪汚了。每一個人都能夠盡他的本份、注重榮譽，做那能做、可以做、應該做的事，不去做那不能做、不可以做、不應該做的事；假如人人都能以這個觀念來做人做事，這個社會一定更加安詳進步了。

第五、要有守法的心：在自由民主的時代，最重要的就是人人要有守法的精神。自由而不守法，天下就要大亂了。譬如交通規則規定：紅燈時候，車子要停下，讓行人穿越人行道，讓橫向車子通過大馬路；這時，你要是不遵守交通法規，直闖紅燈過去，恐怕就會造成車禍，就會造成交通的堵塞。法律大都是爲全民的利益來定的，你不守法令，就會損害大衆的利益。有人在立法院摔麥克風，在中正紀念堂噴油漆；這些公物遭到破壞，要添購，要修理，就要從大家交的稅金裏出了。這好比父親和母親吵架，生氣時候把飯碗盤子，統統摔得粉碎，也許當時覺得很痛快；可是事後自己還得花寃枉錢去買呢。少數人的不守法，往往造成大衆的損失。民主跟法治是分不開的。民主，就是要民意代表爲我們人民去爭取權益，去制訂有利於國家、也有利於人民的法律。法律既經訂定，大家就要遵守。假使法律訂得不好，可以透過立法機構修改重訂。在沒有修改之前，大家仍然要遵守。這就是法治的精神，也是民主的精神。民主的可貴，就是一切依法行事；在法律面前，人人平等。誰也不能以私意權力，來破壞法律。假使能夠以某個人、某一群人的暴行權力，來左右法律制度，那都是專制獨裁，不是民主。所以大家都應該遵守法律，以維護我們的民主政治。

我們生活在這個多變複雜的時代裏，我們應該有新的體認與理念，作爲我們生活的指標，人生的方向。我認爲每一個人都應該有愛人、感恩、服務、盡份，守法的基本理念。個個有這樣的人生觀，才能重建我們國民的道德，改善我們社會的風氣，提昇我們生活的品質，發揚我們完美的文化。

（民國八十年二月十日，在雲林縣文化中心講演講稿，臺灣日報刊出）

臺灣中等學校國文教育的現況

前言

自從一九五〇年國民政府遷到臺灣後，就非常注重教育，努力發展，逐年增加教育經費，增設學校，增收學生。因此，臺灣教育能夠在短短的四十年內迅速擴展。根據中華民國教育部一九九〇年的「教育統計」：一九八九——一九九〇年，各級學校總數爲六、七四〇校，一二二、五三八班，學生有五、二一二、五二一人。

臺灣每個國民都要接受六年「國民基本教育」，使成爲健全的公民。一九六八年延長爲九年，初級中學改稱「國民中學」。中等學校包括：國民中學、高級中學、高級職業學校；高中在培育青年做研究高深學術的準備，高職在培養青年生產技能與知識，使進入社會後能夠擔任各種工作。

初中（國中）教育是小學教育的延續，高中、高職教育是初中教育的延續。據統計：一九八九年，臺灣國民小學有二、四八四所，有學生二、三八四、八〇一人，畢業生有三九六、二四八人，其中九九·六二%升入國民中學（初中）。國民中學有六九一所，有二五、五一四班，學生有一、一二五、二三八人，畢業生有三四〇、五四五人，其中七九。六〇%升入高中、高職。高級中學有一六八所，四、二一〇班，學生有二〇四、四五七人，畢業生有六三、三六六人，四四。四〇%升入大專院校。高級職業學校有二一四所，九、七七七班，學生有四三八、一四〇人，畢業生有一四〇、三九三人，只有七%繼續升學。臺灣中學包括國中、高中、高職總計有一、〇七三所學校，三九、五〇一班，一、七六七、八三五個學生。

現在，我就臺灣中學國文師資的培養與進修、中學國民教育與國文教科書的編輯以及中學國文科的教學情況三方面，加以簡單的介紹。

一、臺灣中學國文師資的培養與教師的進修

臺灣培養中學師資的大學，有國立臺灣師範大學、國立高雄師範大學、國立彰化師範大學三所。每年從這三所師範大學畢業的學生，分發到各地中學任教的相當多；可是由其他大專院校、研究所出身的擔任教職的也不少。由教育部一九九〇年統計資料可以看出：由三所師範大學出身的老師，在國中佔四三·五五%，在高中佔四〇·〇六%，在高職佔二六·九五%。從上面比率可以看出：出身師範大學的教師並不太多；出身其他大專院校、研究所的更多。

這些未接受師範專業教育的教師，按法令規定需要進師範大學補修二十個教育學分，才能成爲合

格的教師。專科畢業的中學教師也要申請進修，來提高教學的能力。所以國立臺灣、高雄、彰化三所師範大學，除了每年招收本科學生外，還舉辦各種進修班。

根據教育部的統計數字，我們知道臺灣的國中、高中和高職共有三九、五〇一班；一個老師教兩班國文，需要一九、七五〇位國文教師。這些國文科師資，大部分是由國立臺灣、高雄兩所師範大學國文系所畢業的，當然也有出身其他大學文科的人來擔任。國立彰化師範大學雖然有語文學系，但只有英文組，沒有國文組。現在僅介紹國立臺灣師範大學與國立高雄師範大學培養國文師資的情況。

(一) 國立臺灣師範大學國文系所、研究中心與進修部

在臺北市的國立臺灣師範大學國文學系，堪稱是臺灣最大的一個國文系。最盛的時期，有日間部、夜間部和國專科三部分，總計有四二班，每班以四〇人計，則有學生一六八〇人。

現在國立臺灣師範大學國文系所，有教授等各級教師一〇二人；大學部有甲乙丙丁四班，四年級共一六班，有學生七三二人；研究所碩士班有研究生八六人，博士班約五六人；每年還辦有各種進修班。現在分介如下：

1. 國文學系：每年招生四班，每班大約四〇人。五年畢業，在校四年最少要修滿一四八學分，比一般大學多修二十個教育學分，但本系的學生大都修到一七〇學分。四年「結業」後，還要到中學當一年實習教師。國文系所開的科目，可以分做普通科目、教育科目、專業科目三種。

(1)普通科目：屬於全校性的共同必修課程，有國文、英文、國父思想、中國通史、中國現代史、

法學緒論之類，多開在一二年級。

(2)教育科目：這是當教師必修的教育理論課程，有教育概論、教育原理、中等教育、教育心理學、心理與教育測驗（或資訊教育）、視聽教育、教育與職業輔導、教材教法、教育實習等，每學年開兩門左右。

(3)專業科目：師範大學是培養師資的學校，每一學系都有爲著增強將來教學能力或研究學術的課程。必修的大抵偏重在提高教學的能力，有四書、新文藝、詩選、散文選、詞曲選、應用文、國語發音學、國學概論、書法、中國文學史、中國哲學史、國文文法、修辭學、文字學、聲韻學、訓詁學等，必選有讀書指導一科，分別開在各年級。選修的有專書，經部有詩經、書經、易經、禮記；子部有韓非子、荀子、呂氏春秋、淮南子、莊子、墨子、老子等；史部有史記、文史通義、史通、左傳等；集部有樂府詩、楚辭、專家詩、專家詞等：這些大抵是在培養學生研究學術的興趣。選修而目的在再提升學生能力的課程，有文學概論、演說與辯論、聽講練習、近代文學史、語言學、哲學概論、鐘鼎文、甲骨文、現代小說選、宋明理學導讀、通鑑導讀、佛學概論、文學批評、作文教學指導、明清小說研究、古典戲曲選、書法研究等；專爲培養學生外文能力的課程，有日文、英美散文選讀、英美小說選讀等。因爲選修的課程開得很多，學生可以很自由的選擇。

這些課程除國文、英文、中國文學史、中國哲學史、詩經外，其他大都是一學期二學分。一年級兩學期要修三二——五〇學分，二、三年級各要修三二——四四學分，四年級要修一八——四四學分。

2.國文研究所：過去研究所原是爲著培養大專院校的師資而設的，現在因爲臺灣教育程度日漸提高，各級學校對師資學歷的要求也日益提高，所以培養國民小學的九所師範專科學校，在一九八七年八月一日全部改制爲省立或市立的師範學院。現在，師範大學畢業學生只能分發到初中任教；有些高中、高職聘請教師的條件，就要有研究所碩士的學位。中學教師也往往利用暑期，回師大研究所進修碩士班課程。所以現在研究所和中學語文師資的培養也有關係了，這裡再將國立臺灣師範大學國文研究所加以介紹：

師大國文研究所有碩士班和博士班，都要撰寫論文。碩士班研究生修業滿兩年，選修課程達三六學分以上，就可以申請學科考試，論文再經口試，及格就可獲得碩士學位，但總修業年限最長不得超過六年。博士班研究生修業滿兩年，選修學分達一八學分以上，就可以申請學科考試，論文再經口試合格，就可獲得博士學位，由教育部頒發學位證書，但修業年限最長不得超過六年。研究所開的課程有治學方法、中國學術思想史、群經大義、尚書研究、春秋研究、中國文學史專題討論、文心雕龍專題討論、文選學、敦煌學研究、詩學研究、中國戲曲研究、說文研究、廣韻研究、古代文法研究、古文字學研究、西藏文、專家詩研究、中國文學理論研究、日本漢學研究、文獻學研究等等，以培養學生獨立研究學術的能力。

3.國文進修班：師大設有中等學校教師研習中心和進修部兩個機構，負責辦理中學教師研習和進修的行政工作；有關課務的事情，仍由各系所配合辦理，如約請教師、安排課程等。

(1)中等學校教師研習中心：主要辦理由臺灣省教育廳委託辦理短期研習班，調訓不是本科系畢業的中學教師、沒有修過教育學分的教師，就是師大本科系畢業的教師也可以申請參加研習。研習期間有三週或五週。又分國中班和高中班。每班四〇人，每年開多少班由教育廳決定。國文班的課務由國文學系統籌辦理，每種課程由許多教授來擔任。

國中研習班（三週），國文科所開的課程有國文專題研討（包括文法、國語語音、文字學、修辭學、詩歌教學、書法教學各種專題）三六小時，國文教材教法研討（國文教學法、詞義、章法、習作、教具製作、教學評量、課外閱讀指導專題研討）四四小時，其他（國學工具書所用、教材專題、國文綜合教學、教學參觀、專題演講）二〇小時，合共一〇〇小時。偏重於教學方法的提升。

高中研習班（三週），國文科開的課程有高中國文評量（包含分科教學評量、項目分析、教學評量基本原理、命題實作、試題分析及評鑑）三六小時，高中國文教材教法（詞義、章法、文法、詩歌、作文教學專題研討）三六小時，中國文化史（先秦、漢魏六朝、隋唐、宋明文化專題研討）一六小時，其他（國文教學綜合研討、專題演講）八小時，總計九六小時。偏重在教學成果的評量。

還有國中國文科教師專長的進修班，加強教師專長學科的能力與知識。分三階段開班：第一階段上課三週八四小時，第二階段上課五週一四八小時，第三階段上課一五〇小時。所開專長科目有：中國文學史、文字學、國文文法、史記、散文選、詩選、詞選等。

(2)進修部：主要是辦理中等學校教師在職進修班，修業期限一律爲四年，四〇學分。每班一律以四五名爲限，來進修的教師完全自費，政府不作任何補助。修滿四年，成績及格，發給結業證書暨學分證明，視同碩士班畢業資格，唯不授予學位。現在有暑修班三班；夜間班兩班；週末班一班；巡迴班有新竹、宜蘭兩班。以四年計，總共有二四班，進修教師達一、〇〇〇多人。其課程的安排、教授的約聘，統由國文研究所負責辦理，所開的科目與國文研究所碩士班開的大同小異，略有出入，稍偏於專題研究，如文學批評專題研究、中古音研究、小說名著專題研究、國文教學專題研究、文史哲專題研究等等。

(二) 國立高雄師範大學國文系所及進修班

國立高雄師範大學也是臺灣培養國語文師資重要的一所大學，規模比臺灣師範大學小。大學部國文系有甲、乙兩班，學生有三六〇多人。進修部（夜間部）有中小學教師在職進修班兩班，每班約四〇人；專長班一班；短期進修班（三週），每班約四〇人。國文研究所只有碩士班。國文研究所另設中學教師進修班，有暑期班兩班、夜間班兩班、週末班兩班、嘉義巡迴班一班，共收有在職教師約一、一五〇人，一律修業四年畢業，可以取得視同碩士的學歷。高雄師大國文系所及進修各班所開的課程，和臺灣師大所開的差不多，當然也有些不同的地方。例如高師大研究所開有資料蒐集與論文寫作、清代樸學研究，國立臺灣師範大學就沒有這些課程。

由此，可見臺灣中學許多語文教師爲著充實專業學識，提高教學能力，仍不斷到師範大學繼續進修的情形。

二、臺灣中等學校國文教科書的編輯

(一) 國立編譯館與國語文教科書

國立編譯館在一九三三年六月一日成立，直隸於教育部，專管學術、文化與教材圖書的編輯與審查的事情，設有人文社會組、自然科學組、大學用書組、專科及職業學校教科書組、中小學教科書組、中華學術著作編審委員會、世界學術著作翻譯委員會等七個編審單位，負責聘請專家學者為各種專著、叢書、教科書編審委員會委，來編寫或審查各類書籍；至今編好交由各書局出版的圖書，數在四、〇〇〇冊。國立編譯館，現在臺北市舟山路二四七號，辦公大樓有一、四〇〇坪。

早先，中小學校用的教科書，是由一般書局、出版社找人編寫，編好後送國立編譯館審查，通過後發行。一九五二年十二月教育部頒佈修訂中學課程標準。一九五三年四月為加強中華民族精神教育，命令國立編譯館主編中學國文、公民、歷史、地理四科標準教科書，由臺灣書店經銷，全國學校一致採用。後來小學的國語等各科課本，也由國立編譯館負責主編。臺灣中學國文課程標準從一九五二年十二月修訂之後，又經過四次修訂；國中高中的國文課本，在國立編譯館主持之下，也經過多次修訂、改編。

(二) 臺灣國民中學的國文教育與國文教科書

(1) 國中國文教學的目標：教育部最近一次公布的國民中學國文課程標準，是在一九八五年四月。

它是作爲教師教國文、編譯館編國文所依據的標準。其目標有以下五點：第一希望透過國文課本與教師教學，使學生能夠增進一些生活經驗和思辨能力，養成倫理觀念及愛國思想，並發揚中華民族文化；第二希望學生繼續學習標準國語，提高聽與說的能力；第三希望培養學生的閱讀能力與寫作技巧；第四希望學生多讀課外讀物，培養欣賞文學作品的興趣與能力；第五希望學生能以正確的姿勢及方法書寫行書及楷書。

(2)國中國文教學的時數與內容：每週六小時：課文教學四小時，作文、書法、語言訓練等二小時。作文以三週兩篇爲原則；不作文的那一週，用來練習書法，或訓練語言，或指導閱讀課外讀物。書法以寸方楷書及小字、行書爲主。語言訓練，可以讓學生由講說課文、報告時事、講述故事、簡短演說中加強。課外讀物，每月至少讀一本，以傳記書信、文藝作品、歷史故事、科學論著、時事論評爲主。

(3)國中國文教科書的編輯：由國立編譯館依據一九八五年四月修訂的國文課程標準，邀請國語文專家、教育行政人員及國民中小學教師二三人，組織編審委員會，並推選一二人爲編輯小組，負責改編。三學年國文共六册；課文除第六册一八篇外，其餘都是二〇篇。語體文言、各種文體都有一定的比例。國中偏重語體文的學習，語體文第一册佔八〇%，第二册佔七〇%，第三、四册佔六〇%，第五册佔五〇%，第六册佔四〇%。文體分配的比例，第一學年記敍文佔四五%，論說文三〇%，抒情文二〇%，應用文五%；第二學年記敍文佔三五%，論說文三五%，抒情文二〇%，應用文一〇%；第三學年記敍文佔二〇%，論說文四五%，抒情文二〇%，應用文一五%。記敍文逐年減少，論說文、應用文則逐年增加。範文分必讀與選讀兩種。

他們編輯的體例，分爲「範文」、「語文常識」和「練習」三部分。每課範文後附有題解、作者、注釋、問題與討論四項，全部用語體文寫成，並用注音符號注明難字的讀音。每册有三篇語文常識，三個練習。第一册語文常識，談標點符號、工具書（字典、辭典）與演說；練習就配合語文常識，讓學生標點文章，查出部首、讀音和詞義，自己寫稿當衆朗讀、報告、演說。第二册淺談六書。第三册談書法、日記、書信的寫法。第四册談記敍文、論說文、抒情文的作法。第五册談文法、修辭、文言虛字。第六册談有關韻文、散文、應用文的常識。各册的練習，也都是配合語文常識來做的。

在範文的選擇上，着眼於兼具訓練語文、陶冶精神及欣賞文藝三種價値，而且和現代國中學生的生活有關，切合他們心理與程度的作品。所選的這些範文，文字都是非常簡潔明白、流暢生動的，再加配上富有創意的插圖、有關的各種語文常識及練習。我個人認爲的確編得不錯。

㈢　臺灣高級中學的國文教育與國文教科書

(1)高中、高職國文教學的目標：高中與高職的教育，是爲了培養青年進入大專，到社會工作的預備，除了透過語文教育來提高學生閱讀與寫作的能力之外；還另編有中國文化基本教材，選授論語、孟子、大學、中庸，以培養學生倫理道德觀念、愛國淑世精神；並輔導學生閱讀課外讀物、練習書法，培養他們思考判斷的能力和恢宏堅忍的意志，增進他們鑑賞及書寫的能力。

(2)高中、高職國文教學時數與內容：高中與高職的國文課，除國文外，還有中國文化基本教材。

每册國文課文約一四至一六課。高中一、二年級每週五小時，課文教學三小時，中國文化基本教材一小時，作文每週一次二小時。三年級每週六小時，就是課文教學增加一小時，爲四小時，其他一樣。此外還有課外閱讀，讀物有傳記、散文、小說、勵志論著、古文觀止、唐詩三百首、名人書信、思想科技論著等。課外作業，一、二年級還有書法。至於高職國文課文約一四課，選有一部分與職業相關的文章，每週全部五小時，精讀課文與作文三小時，中國文化基本教材與略讀課文一小時，略讀往往不上，實際上課僅有四小時。

(3) 高中國文教科書與中國文化基本教材的編輯：也是由國立編譯館負責主編，邀請大學教授、教育行政人員及高中國文科老師，組織編審委員會，再推選一二人爲編輯小組，實際擔任選文編輯的事情，三學年共有六册。高中國文教科書的語體文與文言文比例，一年級爲四、六，二年級爲三、七，三年級爲二、八。文體分記敍、論說、抒情三種，抒情文各年級都是佔三〇%；記敍文每年減少五%，由三〇%、二五%到二〇%；論說文每年增加五%，由四〇%、四五%到五〇%。中國文化基本教材的編選，根據義理，採用分類編輯。

他們編輯的體例：國文是先「題解」、「作者」，後「範文」、「注釋」，和國中國文課本的編法不同，注釋以語體文爲原則，引用文字深奧的則再加說明。中國文化基本教材，先闡明章旨，後加申述，必要時還加語體翻譯。

高職的國文教科書，採取開放的方式，可以由一般書局根據教育部公布的高級職業學校國文課程標準，找學者專家編輯，然後送國立編譯館審查通過，學校即可採用。

現在臺灣初高中國文課文的選材，都儘量要求做到：思想純正、旨趣明確、內容切時、情味濃厚、理論精闢、情意眞摯、文字雅潔、篇幅適度、層次分明、文詞流暢等十點。因爲用者多，也不免要受到批評，所以國文教科書的編輯是非常困難辛苦的。

國立編譯館所主編的各級每册國文教科書，都另編有教師手册，除了「題解」、「作者」、「注釋」，提供補充資料外，還有「課文分析」，並且酌增「修辭技巧」、「語句剖析」、「教法提示」等項的有關資料，以備教師教學時參考之用。

(4)臺灣高級中學的國語文教育，另開有選修科目：二年級有「國學概要」、「書法」兩科，三年級有「應用文」、「文法與修辭」兩科，每週授課都是二小時，教科書都是分上下兩册，由國立編譯館主編，找人編寫。國學概要內容包含對國學的基本認識、文字構造與演變、經學略說、史學略說、子學略說、文學略說等。書法與初中書法教學互相銜接，介紹書家、碑帖、作品，並分析章法、結構、筆法等。應用文指導學生熟習各種應用文的格式與作法，使將來進入社會能夠勝任工作。文法與修辭，第一學期授文法，第二學期授修辭；文法使學生了解詞、詞組、單複句的結構、應用與語意；修辭使學生了解修辭的意義、功用與技巧，以提高他們理解與表達的能力。

從這些國語文課程的安排與教科書的編輯，我們可以看出臺灣當局是相當重視高中學生的國語文教育。

三、臺灣中等學校國文科的教學情況

臺灣中等學校國文教師每週教學的時數：國中大概是一八小時，兩班國文（一班六小時），再加其他課六小時；當導師只要一四小時，兩班國文加班會、自習各一小時，就足夠了。高中當導師，只要教兩班國文（一班五小時）一〇小時；不當導師一二小時。超過的一律給超支鐘點費。他們教學的重點與方法，國中與高中是不大一樣的。

（一）國民中學國文科的教學情況

國中的國文教學的重點，是以課文教學爲主，語文常識、課外閱讀、語言訓練、作文及書法練習爲輔。

(1)課文教學：讓學生先作預習，上課時由學生試讀、試講，再由大家討論、訂正，然後老師加以補充，養成學生自學的能力。對詞彙、語法、精義都需要解釋明白；對作者寫作的技巧、文字佳妙的地方，要加說明；文言與語體的不同，也要加以比較提示。

(2)語文常識：以略讀方式，作要點的講述說明。

(3)課外閱讀：鼓勵學生閱讀報紙雜誌，並選定國文補充讀物，每月至少讀一本，並令撰寫閱讀心得報告。

(4)語言訓練：教師可以在上課時，藉問答、討論的教學方式，還有命令學生朗讀、重述、報告、演講，來訓練學生的語言能力。並就內容、辭令、姿態加以指導。也可以利用視聽教具，增加效果；舉辦演講、辯論會，來訓練學生。

(5)書法練習：每日令學生在課外寫大楷十字、小楷五十字，每週繳來批閱一次；並應將文具使用、運筆方法、寫字姿勢、文字間架等加以指導；列入國文平時成績內計算。字寫得好的作業，可以張貼在教室的牆壁上。學校也可以舉辦書法比賽。

(6)作文練習：作文規定每學期要作一四篇，題目由教師命定，也可以由學生自己擬題一兩次，全部在課堂內作，用毛筆正楷來寫。其中二小時一〇篇，教師最少要批改八篇；一小時四篇，教師不必批改，審閱後要加講評。題目要適合生活與能力，跟課文有關連，所以教課文時要特別指導某種文體的寫法，作品寫作成功的地方。出好題目後，最好和學生短時間的討論，讓學生有些觀念容易把握和發揮。二小時作文宜使學生先擬綱要、起草稿；一小時不起稿；前者訓練組織文字的能力，後者訓練快速寫作的能力。批改大抵用符號指出錯別字、不通與精彩地方；刪改不妥、冗贅、拖沓的地方；並加增添修飾，眉批總批，使學生瞭解自己文章的好處與缺點。舉辦作文展覽、壁報比賽，印行班刊，參加徵文比賽，來鼓勵學生寫作的興趣。寒暑假規定課外習作，成績優良的給予獎勵。作文的分數，根據取材、內容、分段、用辭、語法、標點……各方面來評定。

(7)教具與設備：有各種表解（如文法、標點符號、六書義解、律詩格律、課文分析說明）、掛圖（如書法運筆方法圖）、書寫板（如九宮格）、字帖、參考書籍、視聽教具。

(8)國文成績計算：分平時分數與考試分數兩種。平時分數包括課堂表現、語言訓練、書法作業、作文習作、課外讀書報告等等學習情況與成績。考試分數包括月考與期考的成績。國文教學的進度、課外讀物的指定、各種練習指導的要點、評分的標準、平時成績與考試成績的比例，都由學校的國文科教學研究會來決定。教學研究會由擔任國文課的老師組成。

(二) 高級中學國文科的教學情況

高中國語文科教學的重點，分國文本科與選修科目兩項。國文本科的教材，以範文及中國文化基本教材爲主，課外讀物爲輔。選修科目，二年級有國學概要、書法兩種，三年級有應用文、文法與修辭兩種，都另編有課本。現在分別介紹如下：

1. 高中國文課程的教學情況

(1)高中國文教學：以範文與中國文化基本教材爲主，課外讀物爲輔。精讀範文教學的方法和國中的差不多，也是先指導學生課前預習，上課時再酌令學生試讀、試講，最後由老師補充、訂正。文言文的精彩段落，要學生背誦。講解作品的時候，要特別注意作者生平、全篇要旨、文章背景、內容精義、段落大意、文體與作法、生字形音義、成語典故、詞組句型、修辭技巧、文言白話的異同、風格派別與文學價値等的介紹與分析。教學時並應盡量利用圖表教具、錄音器材來幫助學生瞭解。略讀課文可以採取提問討論的方式進行，養成學生自學的能力。教完一課，就要作測驗，以評量學生學習的成果。

(2)作文練習：每兩週作文一次，每學期至少一〇篇，七篇在課內作，其餘三篇在課外作，教師應批改六篇，其他作綜合指導。教師要有計劃指導學生寫作各種文體，並講解作法。題目的命定，應和學生的生活、環境、時事、心理、課文相配合。要訓練學生寫作白話文，養成不再起稿的習慣；有時也可以訓練學生寫作簡短的文言文。批改作文要特別着重內容，共同錯誤，應作綜合性的講解及指導。作文在一週內批改發還，優良的作文可以令學生朗讀、傳閱。

(3)書法練習：規定在課外臨摹碑帖，一年級要每週大楷六〇字、小楷二〇〇字；二年級每週行書一八〇字。正楷要求用筆端正，結構完整；行書則求合體美觀。

(4)課外讀物：指導學生在課外多讀人物傳記、論著文章、文藝作品，先看序言、目錄，對這本書有個大略的瞭解，然後再看內文，遇到生字生詞，應該翻查詞典。令學生深思，然後寫成讀書報告，每學期以二篇至四篇爲原則。

(5)中國文化基本教材的教學：以闡明儒家思想學說爲要，配合日常生活，加以發揮，形成學生的道德觀念、高尚情操、健全人格，能夠在做人做事，躬自實踐力行。

(6)國文科總成績的計算：規定是範文及中國文化基本教材的月考、期考及平時測驗的成績佔五〇%，作文練習佔四〇%，課外閱讀佔五%，書法佔五%。三年級因爲沒有書法，課外閱讀佔一〇%。

2.高中國文選修課程的教學情況

高中國文設有選修課程，目的是在增強學生學習國文的興趣。高中學生有的喜歡充實知識，就可以選讀「國學概要」；有的字寫得好，就可以加選「書法」；有的想要加強工作能力，就可以選讀「應用文」；有的對寫作特別有興趣，就可以加選「文法與修辭」。這幾門課在教學方面，當然各自不同。

(1)國學概要：開在高中二年級，分上下兩册，主要分類介紹國學基本知識、文字學、經學、史學、子學、文學，使學生對國學有一基本認識。教學時多作提綱挈領的講解，使學生明白要點，培養學生思考的能力，並令撰寫心得報告，專題論文。

(2)書法：開在二年級，分上下兩册，指導學生書寫筆法完美、間架精當、章法嚴整、流暢生動的各體書法。介紹歷代書家的事蹟、筆法、風格、成就及作品，使學生對各家的特點有較透徹的理解，並加強其臨摹練習，提高其書寫能力。指導學生寫書信、立軸、對聯。使學生先練成一家一體，然後再求變化創新。教學時應多作示範，並注重個別實際指導（如姿勢、運筆、懸腕、用墨、選筆）。書法最好有專門教室，以利教學。批改作業，應就筆畫、間架、章法，提示優點與改進方法。多利用視聽媒體，如幻燈片、投影片、錄影帶、圖表來輔助教學。

(3)應用文：開在高中三年級，分上下兩册，培養學生撰寫各種應用文字，能夠做到文字簡練，格式正確，層次分明，長短適度，恰當地把意思表達出來。上學期教明信片、書信、條據、啓事、對聯、題辭、會議記錄的寫法；下學期教電報、規章、契約、慶賀文、祭弔文、公文的作法。教學時，對各種應用文的格式、用語、作法，都需要舉例說明，偏重練習，務使學生熟練其寫法。

(4)文法與修辭：開在三年級，分上下兩册。上學期教文法（上册），使學生瞭解我國的文法，並用之探索語意；下學期教修辭（下册），使學生認識修辭的功用與方法，提高學生欣賞與寫作的能力。教學偏重於指導學生明瞭詞句結構與修辭方法，除了講解理論之外，應該多舉實例，加以分析、討論，並且要學生多作練習，熟練修辭造句的各種方法與技巧，並多用比較教學法，使學生辨別各種詞、詞組、句型、各種修辭格方法的差異，求徹底的瞭解。講授一單元之後，就要學生作口頭或書面的練習，期能熟能生巧，運用自如，這樣才能眞正提高學生的寫作能力。學生的作業批改後發還，亦可在堂上作綜合指導。練習成績與考試成績應該並計。

結論

中等學校的國語文教育，是非常複雜的問題，自非這短短的論文所能報告得完備。這裡只是就培養訓練師資、教科書的編輯與教學的情況作一簡要的報告。

（原刊於一九九一年一月十二日香港現代教育研究社大陸、香港、臺灣語文教育研討會論文集中）

方祖燊先生著作年表

一九五一至一九六二　《古今文選》精裝本四集，與梁容若、齊鐵恨、鍾露昇編註語譯，臺北國語日報社出版。

一九五七　《怎樣作文》（適合初中學生），臺北中南書局出版。

一九六一　《國音常用字典》，與邢宗訓等五人合纂，臺北復興書局出版。

一九六二至一九六九　《古今文選續編》精裝本二集，方祖燊、鍾露昇主編，臺北國語日報社出版。

一九六七　《漢詩研究》（學術論文集），臺北正中書局出版。

一九七〇　《散文結構》（散文寫作理論），與邱燮友合著，臺北蘭臺書局處出版。後改由臺北福記文化圖書公司出版。

一九七一　《成語典》（辭典類），與繆天華等七人合纂，臺北復興書局出版。

一九七一　《陶潛詩箋註校證論評》，臺北蘭臺書局出版。

一九七二　《六十年來之國語運動簡史》（歷史專著），收於《六十年來之國學》（二）中，臺北正中書局出版。

一九七三《魏晉時代詩人與詩歌》（文學史），臺北蘭臺書局出版。
一九七八《陶淵明》（評傳，十幾萬字），臺北河洛出版社出版。一九八二年改由臺北國家出版社出版。
一九七八《中國文學家故事》（文學傳記），與邱燮友、李鍌合著，臺北中央文物供應社出版。
一九七九《春雨中的鳥聲》（散文雜文集），臺北益智書局出版。
一九七九《中國少年》（少年勵志讀物），臺北幼獅文化事業公司出版。
一九八〇《三湘漁父—宋教仁傳》（文學傳記），臺北近代中國出版社出版。
一九八一《中國文化的內涵》（文化史），與黃麗貞、李鍌合著，收在《中華民國文化發展史》中，臺北近代中國出版社出版。
一九八二《國立臺灣師範大學四十暨四十一級級友畢業三十年紀念專刊》，方祖燊主編，師大紀念專刊委員會出版。
一九八三《散文的創作鑑賞與批評》（散文寫作理論），臺北中央文物供應社出版。
一九八六《大辭典》（辭典類），與邱燮友、黃麗貞等數十人合纂，臺北三民書局出版。
一九八六《說夢》（散文雜文集），與黃麗貞合著，臺北文豪出版社出版。
一九八六《幸福的女人》（短篇小說集），與黃麗貞合著，臺北文豪出版社出版。
一九八八《陶潛詩箋註校證論評》增訂本，臺北臺灣書店出版。

一九八九 《談詩錄》（學術論文集），臺北東大圖書公司出版。

一九九〇 《生活藝術》（雜文集），臺北臺灣書店出版。

一九九一 《現代中國語文》（小學語文課本十二冊範文），與阿濃、蔡玉明、關夕芝合撰，香港現代教育研究社有限公司出版。

一九九五 《小說結構》（小說的歷史流派、寫作理論與評析年表，六十萬字），臺北東大圖書公司出版。

一九九五 《教育家的智慧》（劉眞先生語粹），劉眞著，方祖燊輯，臺北遠流出版社出版。

一九九五 《方祖燊全集・論文第一集》（人物、雜論、教育），臺北文史哲出版社出版。

一九九五 《方祖燊全集・論文第二集》（語法、文藝文學、國語運動歷史），臺北文史哲出版社出版。

一九九五 《方祖燊全集・樂府詩解題》（漢朝、魏晉至宋齊），臺北文史哲出版社出版。

一九九五 《方祖燊全集・中國文化史》，與李鎏、黃麗貞合著，臺北文史哲出版社出版。

一九九？ 《中國寓言》（寓言新編，加中英註釋例句，外國人士學習中國語文教材），與黃迺毓合著，國立編譯館主編，（尚未出版）。

一九九？ 《詩》（論析中國詩歌，並附註文，中英對譯，陳鵬翔等人英譯），世界華文協進會與國立編譯館約撰。（尚未出版）。